取り外せて便利！

日本の美をたずねて

大人

絶景旅

宮島・広島

呉 尾道 しまなみ海道 鞆の浦 倉敷

JN048909

街歩きMAP

&

絶景ドライブMAP

CONTENTS

絶景ナビ **嚴島神社**（いつくしまじんじゃ）

▶P.36

桜や紅葉の名所としても知られる宮島

あなごめしは宮島グルメの代名詞

距離感を把握してスイスイ移動♪
広島電鉄 路面電車 路線図

広島市内の観光に欠かせないのが、路面電車の「広電」。広電がつなぐ観光
名所を訪ねつつ、車窓の向こうに広がる広島の町並みも楽しもう。

路線番号	区間
1	広島駅〜紙屋町東〜広島港
2	広島駅〜紙屋町東・西〜広電宮島口
3	広電西広島〜紙屋町西〜宇品二丁目・広島港
5	広島駅〜比治山下〜広島港
6	広島駅〜紙屋町東・西〜江波
7	横川駅〜紙屋町西〜広電本社前
8	横川駅〜土橋〜江波
9	八丁堀〜白島

運賃

市内線は220円の均一料金。白島線の
み160円均一で、市内線で降車する場
合は別途50円が必要。宮島線は区間
運賃制。運賃は降車時払いで、現金の
ほか交通系ICカードが利用可能。

乗り換え方法

現金の場合、最初の電車を降りるとき
に運賃を支払い、乗務員から「電車乗
換券」を受け取ろう。乗換券を持って
次の電車を利用し、降りるとき乗換券
を運賃箱に入れればOK。

《 お得きっぷをcheck!! 》

一日乗車乗船券 900円
広電電車全線＋宮島松大汽
船（宮島口〜宮島航路）が一
日乗り降り自由。宮島ロー
プウェーも特別割引運賃に。

電車一日乗車券 700円
広電電車全線が一日乗り降
り自由。何度も利用できる
ので、広島市内を観光する
のにぴったり。

山陽新幹線

馬木 下三永福本

竹原市 432 三原市

道の駅たけはら

黒瀬 375 東広島呉自動車道

郷原

呉線 吉名駅 竹原駅 185 大乗駅 安芸長浜駅 忠海駅 安芸幸崎駅

風早駅 安芸津駅

呉市
35分
〜吉島通り
〜呉IC

大芝島 生野島

尾道〜大三島
約34km/50分
県道363号〜国道2号〜
西瀬戸尾道IC〜大三島IC

旧海軍墓地 P.97 安浦駅

阿賀 安登駅 大崎上島町 大崎上島

道の駅
しまなみの駅御島 大三島
大山祇神社 大三島

安芸阿賀駅 新広駅 広駅 185 仁方駅 安芸川尻駅

安芸灘大橋 大三島大橋
道の駅今治市伯方S・Cパ〜
大島

上蒲刈島

下蒲刈島 岡村島 大下島 大屋

の瀬戸 P.98

とびしま海道 豊島 大崎下島 津島

大島南
道の駅よしう

海軍工廠の町として栄
えた呉で、艦船めぐり
を楽しもう

斎灘

波止浜駅
波方駅 来島海峡大橋

来島海峡SA
今治北

317

196 伊予亀岡駅

大西駅 今治 今治駅

菊間駅

▶P.87 伊予富田

大浦駅
道の駅風早の郷風和里 浅海駅

伊予

伊予北条駅

今治小

中島 柳原駅
粟井駅

愛媛県
今治市

睦月島 光洋台駅 予讃線

堀江駅 松山市 317

興居島 伊予和気駅 東予ド

高浜駅 いよ
いよ小

伊予鉄道高浜線
山西駅 三津浜駅 道後温泉

11

松山駅 松山城

松山市駅 東温市 松山自動車道

伊予鉄道郡中線 伊予鉄道横河原線 横河原駅

市坪駅 桜三里PA

松前町 56 33 11 面木山

北伊予駅
松山 川内
伊予灘SA

南伊予駅

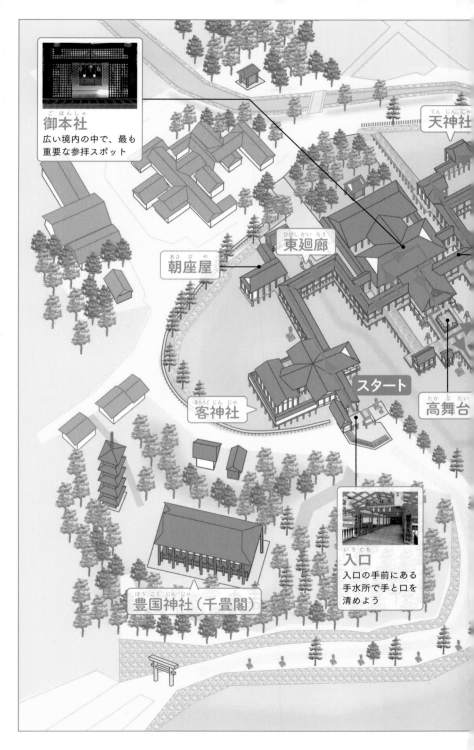

御本社
広い境内の中で、最も重要な参拝スポット

天神社

東廻廊

朝座屋

客神社

スタート

高舞台

入口
入口の手前にある手水所で手と口を清めよう

豊国神社（千畳閣）

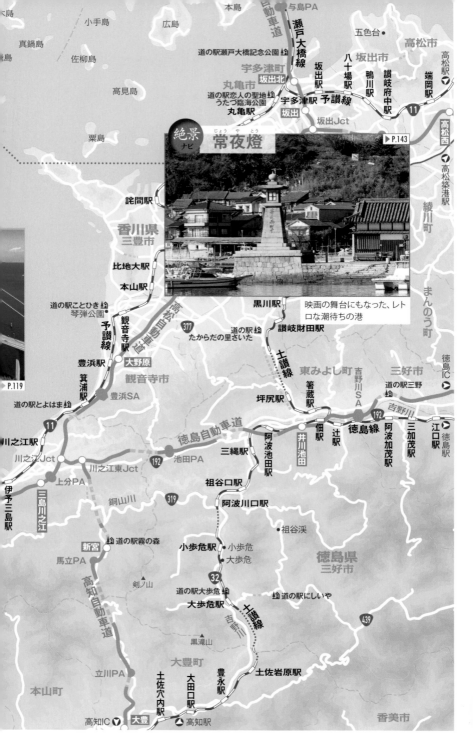

本島 与島PA
小手島 広島
真鍋島 五色台● 高松市
佐柳島 瀬戸大橋線 道の駅瀬戸大橋記念公園 坂出市 坂出駅 高松駅
高見島 宇多津町 八十場駅 讃岐府中駅 端岡駅
丸亀市 鴨川駅 高松西
粟島 道の駅恋人の聖地 うたつ臨海公園 宇多津駅 予讃線 高松築港駅 11
丸亀駅 坂出 坂出Jct 綾川町
詫間駅 坂出北 まんのう町

絶景ナビ 常夜燈 ▶ P.143

香川県 三豊市

比地大駅
本山駅

道の駅ことひき 黒川駅 讃岐財田駅
琴弾公園 予讃線 映画の舞台にもなった、レトロな潮待ちの港
観音寺駅 377 道の駅たからだの里さいた
豊浜駅 大野原 土讃線 東みよし町 吉野川SA 三好市 徳島IC
箕浦駅 観音寺市 坪尻駅 箸蔵駅 道の駅三野
豊浜SA 佃駅 辻駅 徳島線 阿波加茂駅 192 江口駅
P.119 徳島自動車道 井川池田 三加茂駅 徳島駅
11 三縄駅 阿波池田駅 吉野川
川之江駅 192 池田PA
川之江Jct 川之江東Jct 319 祖谷口駅
上分PA 阿波川口駅
伊予三島駅 銅山川 祖谷渓
三島川之江駅 新宮 道の駅霧の森 小歩危駅 小歩危 徳島県
馬立PA 大歩危 三好市
剣ノ山 32 道の駅にしいや
道の駅大歩危 土讃線
大歩危駅 439
高知自動車道 吉野川
黒滝山
立川PA 豊永駅 土佐岩原駅
大豊町
本山町 土佐穴内駅 大田口駅
高知IC 大豊 高知駅 香美市

糸崎駅

向島
尾道市
向島
百島
田島

アリストぬまくま
約56km/1時間15分
玉島IC〜福山東IC〜
県道22号

大浜PA
因島大橋
しまなみ海道
因島北
因島
因島南
生口島北

走島
大飛島
小

阿伏兎観音
P.146

佐木島

瀬戸
田PA

生口島

尾道〜因島
約21km/30分
国道2号〜西瀬戸
尾道IC〜因島北IC

横島

備後灘

高根島

生名島　弓削島

生口島南
岩城島

り駅
治市多々羅しまなみ公園

上島町
赤穂根島　佐島

PA
伯方島

フ
伯方島
大橋

大島北

高井神島

瀬戸内海

めいきいき館

絶景
ナビ
しまなみ海道（かいどう）

瀬戸内の島々を結ぶしまな
み海道をサイクリング！

P.123

燧灘

桜井駅

治湯ノ浦
の駅今治湯ノ浦温泉

多喜浜駅
新居浜駅

関川駅

伊予土居駅
赤星駅

伊予寒川駅

伊予三芳駅

壬生川駅

伊予西条駅

中萩駅

予讃線

新居浜

11

土居

196

玉之江駅

石鎚山駅

いよ西条

松山自動車道
入野PA

赤星山

四国中央市

公北
Jct

いよ小松

伊予氷見駅
伊予小松駅
石鎚山SA
道の駅小松オアシス

道の駅マイントピア別子

新居浜市

東赤石山

西条市

194

笹ケ峰

寒風山トンネル

高知県
大川村

土佐町

いの町

吉野川

石鎚山

道の駅木の香

東赤石山

嚴島神社 境内MAP

西廻廊

出口
唐破風の屋根が印象的。昔はここが入口だったともいわれる

反橋

嚴島神社宝物館

ゴール

能舞台
海の上の能舞台は日本唯一。西廻廊からその姿を眺めよう

お守りの授与や御朱印の受付はここで行われている

火焼前
人気撮影スポットのため、順番待ちの行列ができることも多い

御笠浜

大鳥居
干潮時はここまで歩くことが可能

大判で見やすい！

絶景

ドライブ
MAP

日本の美をたずねて

大人絶景旅

宮島・広島

呉 尾道 しまなみ海道
鞆の浦 倉敷

N
0　2.5　5km

川本町

道の駅インフォメーションセンター

島根県
邑南町

道の駅瑞穂🅿

寒曳山PA

渋田別動車道

大朝

北広島町

益田市

191

三段峡●

▲恐羅漢山

186

個性豊かな
お好み焼きは
広島グルメの定番

道の駅
舞ロードIC
千代田

千代田Jct

千代田

267

絶景
ナビ 原爆ドーム
げん ばく

▶P.62

世界遺産の原爆ドームは世
界平和のシンボル

安佐SA

広島北Jct

広島北

54

広島市
安佐北区

可
部
線

あき亀山駅
河戸帆待川駅
可部駅
中島駅
上八木駅
七軒茶屋駅

下
深
川
駅

中深川駅

上深川駅

玖村駅

安芸矢口駅

久地PA

広島西風新都

沼田PA

安佐南区

大町駅

広
島
Jct

広島東

戸坂駅

中国自動車道

山口IC

261

吉和

吉
和
SA

湯来温泉♨

488

佐伯区

433

広島Jct

広島西風
新都線

五日市

広島タウン

西広島駅

新白島駅

広島駅

横
川
駅

矢
賀
駅

東区

安
芸
府
中
町

府
中
町

海田

広島〜宮島口
約20km/30分

道の駅赤来高原　飯南町
⚓宍道Jct

ーかわもと　⚓道の駅グリーンロード大和　54

375

江の川

432

道の駅ふぉレスト君田

54

口和

道の駅ゆめランド布野

松江自動車道

西城川

備後庄原駅

庄原市

備後三日市駅
七塚駅

山ノ内駅

七塚原SA

庄原

西三次駅
三次駅

八次駅
三次東

下和知駅

三次

神杉駅

塩町駅

三良坂駅

三良坂

備後安田駅

江の川

江の川PA

道の駅北の関宿安芸高田

433

中国自動車道

本郷PA

高田

上川立駅

志和地駅

三次市

吉舎

吉舎駅

甲奴

184

甲奴

甲立駅

375

世羅町

安芸高田市

54

吉田口駅

⚓矢の里・あきたかた

向原駅

432

井原市駅

486

上三田駅

志和口駅

道の駅湖畔の里福富

中三田駅

広島県
東広島市

道の駅よがんす白竜

白木山駅

狩留家駅

奥屋PA

375

河内駅

広島中央
フライトロード

高坂PA

志和

山陽自動車道

西高屋駅

白市駅

入野駅

広島空港

三原久井

瀬野駅

山陽本線

西条

高屋

本郷

東広島バイパス

中野東駅

八本松駅

寺家駅

道の駅西条の

西条駅

2

高屋Jct

河内

小谷SA

広島~尾道
約90km/1時間25分
国道2号~広島IC~
尾道IC~国道184号

木次線　小奴可駅　米子駅　新見　新見駅　姫新線
神郷PA　備中神代駅　布原駅　石蟹駅
備後落合駅　314　内名駅　市岡駅　坂根駅　180
比婆山駅　備後八幡駅　矢神駅　新見市
備後西城駅　183　東城駅　荒戸山　井倉駅
平子駅　道の駅黒鯉が窪　野馳駅
高駅　道の駅遊YOUさろん東城　東城　高梁市
帝釈峡PA　本村PA

尾道観光の
お昼ごはんは
尾道ラーメン！

絶景ナビ 尾道（おのみち）

▶P.101

千光寺公園から美しい尾道
水道を眺めよう

絶景ナビ 倉敷美観地区（くらしきびかんちく）

どこをきりとっても絵になる
倉敷美観地区

道の駅リストア
ステーション　432

梶田駅　甲奴駅
上下駅

道の駅遊さんわ182ステーション

尾道自動車道

備後矢野駅　神石高原町

備後三川駅　福塩線　河佐駅　府中市　182

世羅　184　道の駅世羅　中畑駅　下川辺駅

倉敷〜尾道
約70km/1時間10分
国道2号〜玉島IC〜
尾道IC〜国道2号

子守唄の里高屋駅　井原市　早雲の里荏原駅

御領駅　486　井原鉄道　いずえ駅　井原駅

府中駅　道の駅びんご府中　高木駅　新市駅　上戸手駅　近田駅　戸手駅　万能倉駅　道上駅　湯田村駅　湯野駅　福山東　篠坂PA　笠

鵜飼駅　駅家駅　芦田川　神辺駅　山陽新幹線

尾道北　道の駅クロスロードみつぎ　486　横尾駅　備後本庄駅　山陽本線

福山SA　福山西　大門駅　笠岡市

八幡PA　尾道　尾道Jct　松永駅　東尾道駅　備後赤坂駅　福山駅　東福山駅　笠岡駅　道の駅笠

三原バイパス　新尾道駅　西瀬戸尾道　福山市　高島

三原駅　みはら神明の里道の駅　尾道バイパス　尾道　尾道大橋　鞆の浦

尾道駅　▶P.104-105

広島〜鞆の浦
約110km/1時間50分
国道54号〜広島IC〜
福山東IC〜県道22号

鞆〜鞆の浦
約25km/50分
国道2号〜県道47号

▶P.138　白石島

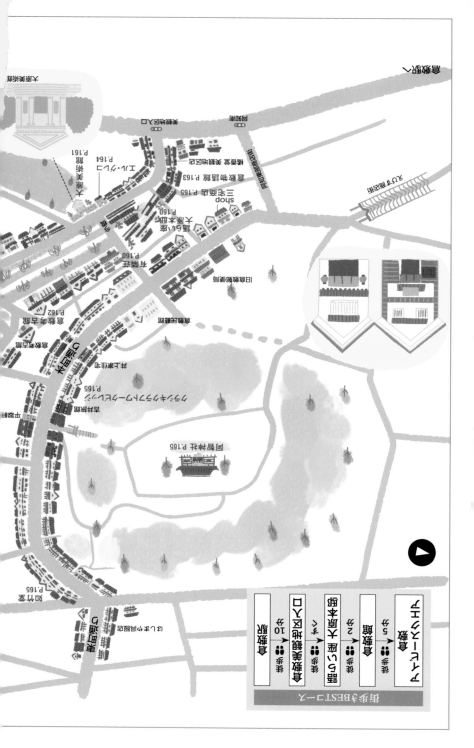

散策モデルBEST コース

黄鶴楼	← 徒歩5分 →	首義広場	← 徒歩2分 →	辛亥革命武昌起義記念館	← 徒歩4分 →	ロバート記念館広場	← 徒歩10分 →	黄鶴楼

大通亭広場

大慶美術館

← 長江大橋へ

閲馬場地鉄入口

首義路

辛亥革命武昌起義記念館

閲馬場

エル・クラブ P.161
P.164

三元酒飯店 P.165
shop
大通本酒楼 P.160
湖北小吃 P.160

有福楼 P.160

旧省政務庁舎

首義蔡家楼
P.162

辛亥蔡家楼

○首義路

井上帝住寺

クラシックフランス・ワイナリー P.165

西井路飯店

閲覧海其共 P.165

北露寺路

知竹斎 P.165

C賓館馬路

ほしまちや旅館店

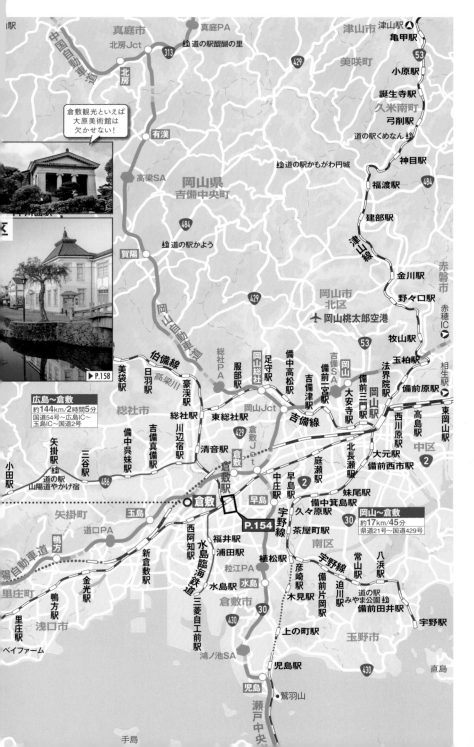

真庭市
真庭PA
中国自動車道
北房Jct
北房
313
道の駅醍醐の里

津山市　津山駅
亀甲駅
53
美咲町　小原駅
久米南町　誕生寺駅
弓削駅
道の駅くめなん
神目駅
484
福渡駅
建部駅
津山線

倉敷観光といえば
大原美術館は
欠かせない！

高梁SA
岡山県
吉備中央町

道の駅かもがわ円城

484

429

岡山市
北区
岡山桃太郎空港

金川駅
野々口駅
赤磐市
赤穂IC
53
牧山駅
玉柏駅
相生駅

賀陽
道の駅かよう

▶P.158

岡山自動車道

伯備線
総社PA
服部駅
足守駅
備中高松駅
吉備津駅
備前一宮駅
岡山総社
吉備SA
岡山
大安寺駅
備前三門駅
法界院駅
備前原駅
東岡山駅

美袋駅
日羽駅
豪渓駅
高梁川
総社駅
東総社駅
岡山Jct
吉備線
岡山駅
北区
高島駅
西川原駅
大元駅
備前西市駅
中区
2

広島〜倉敷
約144km/2時間5分
国道54号〜広島IC〜
玉島IC〜国道2号

矢掛駅
道の駅
山陽道やかげ宿
三谷駅
吉備真備駅
備中呉妹駅
川辺宿駅
清音駅
総社市

倉敷Jct
早島駅
中庄駅
庭瀬駅
北長瀬駅
妹尾駅
備中箕島駅
久々原駅

小田駅

486

倉敷駅
倉敷
早島

宇野線
茶屋町駅
南区

岡山〜倉敷
約17km/45分
県道21号〜国道429号

矢掛町
玉島
道口PA
鴨方
西阿知駅
浦田駅
福井駅
水島臨海鉄道
粒江PA
植松駅
彦崎駅
木見駅
備前片岡駅
迫川駅
常山駅
八浜駅
道の駅
みやま公園
備前田井駅
宇野駅

山陽自動車道
里庄町
金光駅
新倉敷駅
水島駅
水島
倉敷市
宇野線

鴨方駅
浅口市
里庄駅

30

ベイファーム

三菱自工前駅
430
鴻ノ池SA
上の町駅
玉野市
直島

児島駅
児島
鷲羽山
430

瀬戸中央
手島

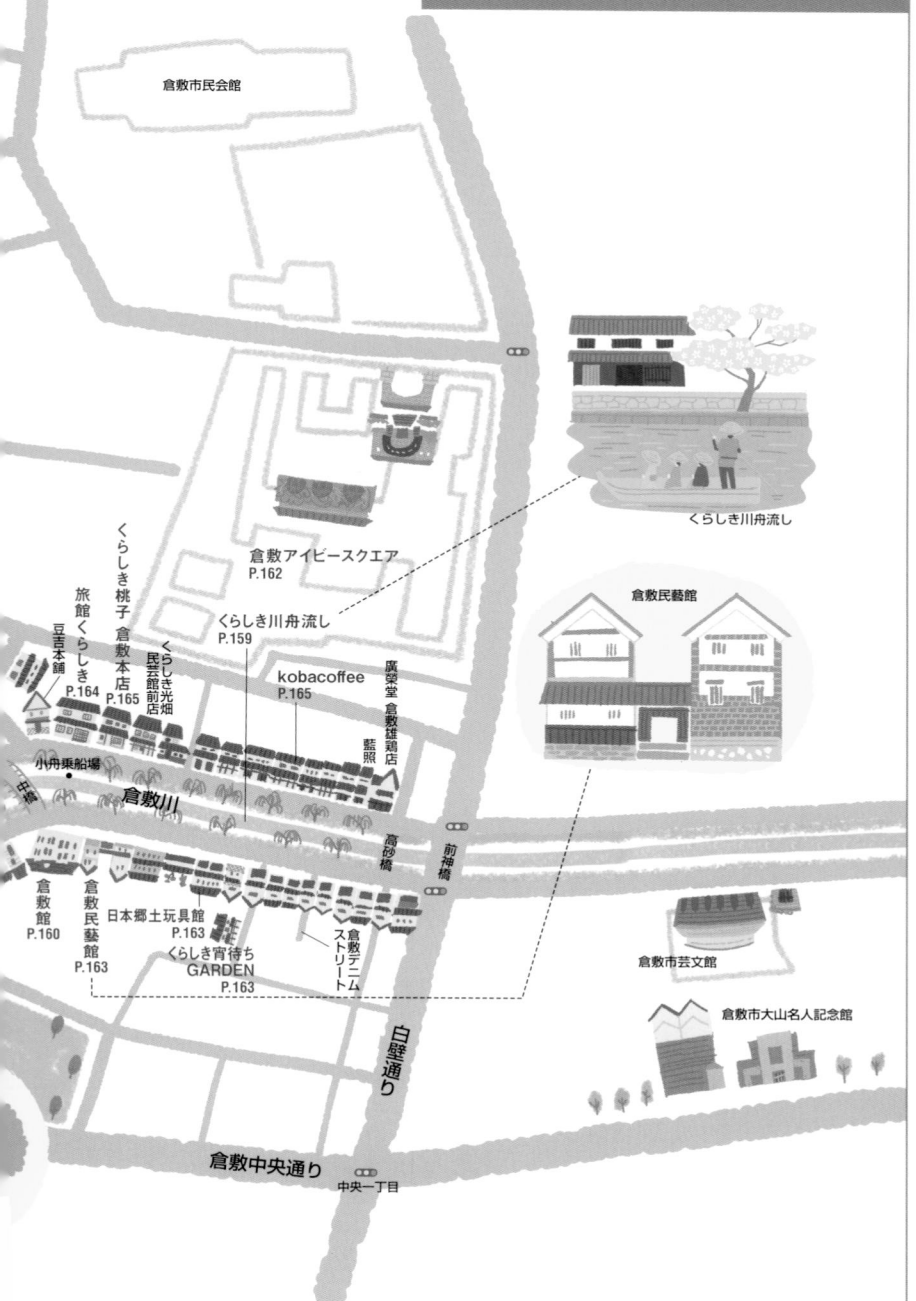

倉敷市民会館

くらしき川舟流し

倉敷アイビースクエア
P.162

倉敷民藝館

くらしき桃子 倉敷本店
P.165

旅館くらしき
P.164

豆吉本舗

くらしき川舟流し
P.159

くらしき光畑
民芸館前店

kobacoffee
P.165

廣榮堂 倉敷雄鶏店

藍照

小舟乗船場

中橋

倉敷川

高砂橋

前神橋

倉敷館
P.160

倉敷民藝館
P.163

日本郷土玩具館
P.163

くらしき宵待ち
GARDEN
P.163

倉敷デニムストリート

倉敷市芸文館

倉敷市大山名人記念館

白壁通り

倉敷中央通り

中央一丁目

日本の美をたずねて

大人絶景旅

'24-'25年度

この景色に出合いたかった

宮島・広島 尾道 倉敷

CONTENTS
大人絶景旅 '24-'25年版

宮島・広島 尾道 倉敷

本書は、「絶景で選ぶ、絶景を旅する。」をコンセプトに、日本の美しい景色や伝統、名物品を巡るガイドブックです。厳選したスポットをそのまま巡れるコースで提案しているので無理なく無駄なく、大人の絶景旅を満喫してほしいと思います。

【表紙の写真】
厳島神社／Shutterstock
※写真の宮島水上花火大会は現在は行なわれていません

取り外せる
付録
● 絶景ドライブ MAP
● 広島電鉄 路面電車 路線図
● 嚴島神社 境内 MAP
● 倉敷 街歩き MAP
● 広島タウン 中心地 MAP

本書の使い方

データの見方

☎＝電話番号　　所＝所在地

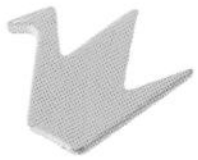

時＝営業時間・開館時間　レストランでは開店～ラストオーダーの時間、施設では最終入館・入場時までを表示しています。

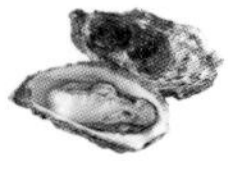

休＝休み　原則として年末年始、臨時休業などは除いた定休日のみを表示しています。

料＝料金　入場や施設利用に料金が必要な場合、大人料金を表示しています。

交＝交通　最寄り駅とそこからの所要時間、もしくは最寄りICとそこからの距離を表示しています。

MAP P.00A-0　その物件の地図上での位置を表示しています。

P＝駐車場　駐車場の有無を表示しています。

▶P.38　本書で紹介しているページを表します。

広島
エリアガイド

広島は見どころが広範囲に点在。エリアの特徴を把握してプランを立てよう。

素敵な路地や坂道があちこちに
尾道
▷P.101

観光のコツ 風情ある路地と坂の町としておなじみ。千光寺からの絶景が有名だが、近年はおしゃれな古民家カフェや海辺の複合施設などの登場で、人気と知名度がさらに上昇。

絶景ナビ
- ●千光寺 ▷P.110
- ●千光寺山ロープウェイ ▷P.110
- ●天寧寺 海雲塔 ▷P.112

岡山県
岡山駅
倉敷駅
福山駅
尾道駅

尾道自動車道
JR福塩線
井原鉄道
JR山陽新幹線
山陽自動車道
JR山陽本線
瀬戸中央自動車道

瀬戸内海

西瀬戸自動車道
（しまなみ海道）

N
0   10km

香川県

町家が立ち並ぶ風情ある町並み
倉敷
▷P.149

観光のコツ 白壁の街並みが続く倉敷美観地区が観光客に大人気。レトロな街にはフォトジェニックなカフェや雑貨店も多数あるので、あちこち寄り道しながら散策したい。

絶景ナビ
- ●倉敷美観地区 ▷P.158
- ●大原美術館 ▷P.161
- ●倉敷アイビースクエア ▷P.162

瀬戸内海の美しい島々を結ぶ
しまなみ海道
▷P.119

観光のコツ 広島県尾道市から愛媛県今治市まで、瀬戸内海の島々を結ぶ。自転車や徒歩でも橋を渡れる。風光明媚な景色を楽しみながら個性あふれる島々を巡ろう。

絶景ナビ
- ●向島 ▷P.129
- ●因島 ▷P.129
- ●生口島 ▷P.130

映画の舞台にもなった港町
鞆の浦
▷P.135

観光のコツ 広島有数の景勝地として知られ、多くの映画のロケ地やモデルとなった場所。江戸時代に栄えた港町で、当時の美しい街並みが残る。初めて訪れてもどこか懐かしい。

絶景ナビ
- ●常夜燈 ▷P.143
- ●太田家住宅 ▷P.142
- ●鞆の浦 a cafe ▷P.143

キホン3 宮島のフェリーは混雑必至 狙い目は夕方の来島

夕方は宮島から帰る人がほとんどなので、この時間島へ渡るフェリーは空いていることが多い。行った日は宮島に宿泊し、翌日朝から島内を観光するのも手。

キホン2 しまなみ海道はレンタカーがおすすめ

サイクリングが人気だが、体力＆時間に余裕がない場合は少々ハード。雄大な景色を短時間で楽しむなら、レンタカーでドライブを。半日でも意外と回れる。

キホン1 広島は東西に長い！1エリア1日がベター

比較的近い広島タウン～宮島でも、電車とフェリーで約1時間かかる。各エリアの見どころをじっくり観光するなら、1日1エリアが基本と考えよう。

移動

キホン 4

お好み焼きは どこも行列！ 予約or開店時 がベスト

有名店は地元客も多数訪れる。週末でなくても行列必至なので、予約するか開店時を狙うのがベター。

キホン 5

宮島名物の あなごめしは テイクアウトも あります

弁当は予約できたり、待たずに買えたりすることも多いので、締めに新幹線で食べるのもおすすめ。

\ ベスト3 /
名物はコレ

1 お好み焼き

2 カキ

3 あなごめし

世界に平和を伝える町
広島タウン（ひろしま）
▶P.51

観光のコツ 広島旅行の拠点。原爆ドームや広島平和記念資料館など、平和を願う施設が点在し、世界中から多くの人々が訪れる。お好み焼きをはじめとする広島グルメも充実！

絶景ナビ
- 平和記念公園 ▶P.60
- 原爆ドーム ▶P.62
- おりづるタワー ▶P.64

中国自動車道
JR可部線
JR芸備線
54
357
広島県
486
432
広島駅
433
JR山陽本線
JR山陽本線
JR山陽新幹線
2
375
185
JR呉
呉駅
厳島
大崎上島
大三
倉橋島
愛媛

キホン 6

買う

ほとんどの お土産は 広島駅でまとめ 買いが可能

駅ビルには、新旧さまざまなお土産がズラリ。目移り必至の幅広いアイテムが揃っている。

キホン 7

旬は瀬戸内 レモン！ 多彩な商品が 揃っています

新定番なら瀬戸内レモンのアイテム。レモンケーキをはじめ、パッケージがかわいい商品も多い。

\ ベスト3 /
名品はコレ

1 もみじ饅頭

2 レモンケーキ

3 杓子

一度は見たい海に浮かぶ社殿
宮島（みやじま）
▶P.25

観光のコツ 世界遺産・厳島神社の神秘的な姿は日本三景のひとつとして知られている。お店が集まる商店街や、パワースポットの弥山など、見どころは多数。

絶景ナビ
- 厳島神社 ▶P.36
- 豊国神社（千畳閣）▶P.41
- 弥山 ▶P.42

旧海軍ゆかりの施設が点在
呉（くれ）
▶P.87

観光のコツ かつて海軍工廠（こうしょう）の町として栄えた呉。造船の歴史や技術を伝えるミュージアム、海上自衛隊の活躍を紹介する資料館など、ゆかりの名所が点在する。

絶景ナビ
- 呉艦船めぐり ▶P.94
- 大和ミュージアム ▶P.95
- てつのくじら館 ▶P.95

大人絶景旅

宮島・広島
尾道 倉敷

新しい大鳥居がお目見えした厳島神社、尾道や倉敷のレトロな街並み、しまなみ街道の雄大な海の景色など、広島ならではの絶景が待っている。

宮島
Miyajima

装い新たなる
海上の大鳥居は
圧倒的な美しさ。

広島を訪れたなら必ず見ておきたいのが厳島神社。大鳥居や社殿が島に建てられているのは、島全体が神であり信仰の対象であるという考えから。2022年、大鳥居は約3年半に及ぶ大規模な修復を終え、装い新たにお目見えした。満潮時はまるで海の上に浮かんでいるようでさらに神秘的だ。参拝後は、ロープウエーで上る展望台からの眺望や、あなごめしなどの地元グルメも楽しもう。

いつくしまじんじゃ
厳島神社 ［厳島神社周辺］
海の上に寝殿造りの社殿が造られている。シンボルである大鳥居の高さは約16.6mで、木造の鳥居としては国内最大級。 ▶ P.36

広島
Hiroshima

平和の大切さを
あらためて感じる
緑と祈りの街。

市内を縦横断する路面電
車で見どころを巡るのが広
島タウン観光の醍醐味。緑
に囲まれた平和記念公園の
一帯は、被曝前は市内屈指
の繁華街だった場所。公園
のすぐ近くにあるおりづる
タワーの屋上展望台から街
を一望すると、隣に立つ原
爆ドームが原爆投下の惨劇
を忘れるべからずと訴えか
けてくる。
　風が通り抜ける展望台で
は、夕景や夜景も堪能でき
る。

2 おりづるタワー [平和記念公園周辺]
▶ P.64

1 原爆投下で奇跡的に全壊を逃れた建物が世界遺産に登録されている **2** 原爆ドームに隣接。市街地を一望できる展望台をそなえる **3** 必ず食べるべき広島グルメはお好み焼き **4** 原爆死没者の慰霊と世界恒久平和を祈念する場として整備された公園

4 平和記念公園 [平和記念公園周辺]
（へいわ きねんこうえん）
▶ P.60

3 みっちゃん総本店 [八丁堀]
（そうほんてん）
八丁堀本店
（はっちょうぼりほんてん）
▶ P.72

海山に囲まれたのどかな坂の街。

高台にある名勝地・千光寺周辺のレトロな路地や坂道は映画やドラマの舞台になったことで有名。近年は古民家カフェなどの新スポットが増え、しまなみ海道巡りの拠点としても賑わう。新旧の店が並ぶ商店街も見どころ。

尾道
Onomichi

天寧寺 海雲塔 [千光寺周辺] ▶P.112

1 創建600年以上を誇る寺院で、国の重要文化財 2 千光寺へと続く細い石畳の坂道はロケ地としても知られる 3 2022年にリニューアルした千光寺山山頂の展望台からは、瀬戸内海の尾道水道や向島を一望できる 4 築150年のお屋敷を改築した、眺めのいい喫茶店

3 千光寺頂上展望台PEAK [千光寺周辺] ▶P.111

4 帆雨亭 [千光寺周辺] ▶P.111

2 千光寺新道 [千光寺周辺] ▶P.112

潮風薫る港町の
レトロな街並み。

はるか万葉の時代から、船が潮の満ち引きを待つ「潮待ちの港」として賑わってきた港町。この地のシンボルである常夜燈が立つ海辺や、昔ながらの古民家が軒を連ねる一帯など、主要な観光地は徒歩でも巡れるのがうれしい。

鞆の浦
Tomonoura

1 じょうやとう [鞆の浦]
常夜燈 ▶P.143

2 いおうじ [鞆の浦]
医王寺 ▶P.144

3 おおたけじゅうたく [鞆の浦]
太田家住宅 ▶P.142

4 とも うら ア カフェ [鞆の浦]
鞆の浦 a cafe ▶P.143

1鞆の浦のランドマークとして親しまれている。海を背景にした記念撮影を忘れずに **2**弘法大師が開いたとされる真言宗の寺院。本堂からは鞆の浦を一望 **3**鞆の浦の伝統的な商家建築を今に伝える、国の重要文化財 **4**常夜燈のそばにある、古民家リノベカフェ

しまなみ海道

Shimanami Kaido

3 サイクリング　[しまなみ海道]　▶P.128

2 こうさんじ はくぶつかん　こうさんじ
耕三寺博物館（耕三寺）[生口島]　▶P.130

瀬戸内海を渡る
島ホッピングで
多島美に感動！

瀬戸内しまなみ海道は、瀬戸内海の6つの島をつなぐ自動車道。自転車や歩行者用の道路も整備されているため、海の上を快走するサイクリングを満喫できる。海峡を横断できるサイクリングロードはここが日本初。道中には展望台やビーチ、グルメスポットなどの立ち寄りポイントも多数あり、観光も存分に楽しめる。時間が限られる場合はドライブもおすすめだ。

1 来島海峡大橋 [大島]
くるしまかいきょうおおはし
▶P.120

5 亀老山展望公園 [大島]
きろうさんてんぼうこうえん
▶P.131

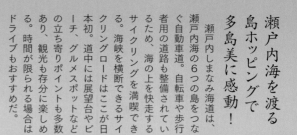

1 来島海峡に架かる三連吊橋で、しまなみ海道最大の規模 2 大理石の庭園が注目を集める寺院 3 レンタサイクルなら気軽にサイクリングを楽しめる 4 しまなみ海道周辺では名産のレモンを使ったスイーツなどが買える 5 大島の南端にある夕日スポット

1 倉敷美観地区（くらしき　び　かん　ち　く）　[美観地区]　▶P.158

美景と歴史の街
倉敷美観地区へ。

瓦屋根に白壁が映え
るクラシカルな建物が
並び、昔ながらの美し
い街並みが今に残る倉
敷美観地区。アート鑑
賞やショッピング、町
家グルメを楽しみなが
らの散策や、風情抜群
な川舟流しでこの街の
魅力に触れよう。

3 エル・グレコ　[美観地区]　▶P.164

1美観地区には界
隈を案内してくれ
る無料ガイドが常
駐するほか、川舟流
し（有料）も楽しめ
る **2**西洋美術を
中心にした私立美
術館 **3**大原美術
館に隣接する老舗
喫茶 **4**町家や白
壁の蔵が今も残
り、エリアの大部分
が重要伝統的建
造物群保存地区
に選定されている

倉敷
Kurashiki

4 倉敷美観地区（くらしき　び　かん　ち　く）　[美観地区]　▶P.158

2 大原美術館（おおはら　び　じゅつかん）　[美観地区]　▶P.161

3 かいじょうじえいたいけんがく
海上自衛隊見学ツアー ［呉市］ ▶P.95

4 やまと
大和ミュージアム ［呉駅周辺］ ▶P.95

2 じゆうけん ［呉駅周辺］
自由軒 ▶P.98

1 呉湾内を約30分周遊し、護衛艦や潜水艦などを間近に見ることができる **2** ミンチカツなどクラシカルな洋食が揃う老舗 **3** 海上自衛隊の庁舎などを見学できる **4** 呉の歴史と平和の大切さを学べるミュージアム。戦艦「大和」の10分の1スケールモデルの展示も

呉
Kure

1 くれかんせん ［呉駅周辺］
呉艦船めぐり ▶P.94

旧海軍ゆかりの施設が揃う港町。

「東洋一の軍港」として栄え、戦前から日本海軍の拠点でもあった港町。大和ミュージアムや入船山記念館などを見学した後は、地元で長く愛される洋食に舌鼓を打とう。旧海軍の食事にちなんだご当地グルメも人気だ。

大人の旅プランは、何がしたいか？で選びたい！

平和記念公園・嚴島神社・大和ミュージアム
広島の人気観光地を巡る王道プラン

世界遺産を含む、一度は訪ねておきたい名所がずらりと勢揃い！

1日目 広島の人気観光地を巡る王道プラン

11:00 広電10分		**広島駅** ひろしまえき	
11:30 広電6分		**ランチ** 中華そばくにまつ	▶P.78
12:30 徒歩すぐ		**原爆ドーム** げんばく	▶P.62
13:00 徒歩すぐ		**平和記念公園** へいわきねんこうえん	▶P.60
13:30 徒歩5分		**広島平和記念資料館** ひろしまへいわきねんしりょうかん	▶P.63
15:30 徒歩3分		**カフェ** Caffe Ponte	▶P.68
16:30 徒歩12分		**おりづるタワー**	▶P.64
17:30 広電13分		**ディナー** みっちゃん総本店 八丁堀本店	▶P.72
19:00		**2軒目ハシゴ** エキニシ	▶P.85

原爆ドーム

おりづるタワー

エキニシ

開放的なテラス席が人気の「Caffe Ponte」

みっちゃん総本店 八丁堀本店

2 日目　宮島・嚴島神社を参拝　弥山の絶景に感動！

9:00	JR広島駅
電車30分、フェリー10分	
10:00	嚴島神社（いつくしまじんじゃ） ▶P.36
徒歩10分	
11:30	ランチ　お食事処 梅山 ▶P.45
ロープウェイ15分 徒歩30分	
13:00	弥山（みせん） ▶P.42
徒歩30分 ロープウェイ15分	
15:00	表参道商店街（おもてさんどうしょうてんがい） ▶P.46
フェリー10分	
17:00	JR宮島口駅（みやじまぐちえき）
電車30分	
17:30	JR広島駅
広電8分	
18:00	夕食　石まつ三代目 ▶P.81

嚴島神社

弥山

ランチは「お食事処 梅山」であなごめし

表参道商店街

3 日目　旧海軍ゆかりの港町で　艦船のスケールに圧倒

9:00	JR広島駅
電車40分	
10:00	てつのくじら館（かん） ▶P.95
徒歩すぐ	
11:00	大和ミュージアム（やまと） ▶P.95
徒歩15分	
12:00	ランチ　自由軒 ▶P.98
徒歩すぐ	
12:45	れんがどおり ▶P.97
徒歩17分	
14:00	呉艦船めぐり（くれかんせん） ▶P.94
徒歩10分	
15:30	JR呉駅（くれえき）
電車40分	
16:30	JR広島駅
徒歩すぐ	
	買い物 ▶P.69
17:00	夕食 ▶P.84

てつのくじら館

呉艦船めぐり

広島駅には鮨やお好み焼きの人気店が多数

長年愛される「自由軒」の名物オムライス

大和ミュージアム

テーマ別モデルプラン

海を味わう

千光寺・ONOMICHI U2・鞆の浦
美しい瀬戸内海を満喫するプラン

青く穏やかな瀬戸内海と、海に寄り添うのどかな町並みを楽しもう。

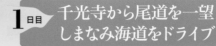

1日目 千光寺から尾道を一望 しまなみ海道をドライブ

11:00	**尾道駅**	
徒歩13分		
11:30	**カフェ**	帆雨亭 ▶P.111
徒歩6分		
12:30	**千光寺**	▶P.110
徒歩5分		
13:30	**坂道さんぽ**	猫の細道・千光寺新道 ▶P.112
徒歩20分		
14:30	**ONOMICHI U2**	▶P.114
車15分		
15:30	**しまなみ海道ドライブ**	▶P.128
車30分		
16:00	**USHIO CHOCOLATL**	▶P.132
車30分		
18:00	**ディナー**	尾道ラーメン 丸ぼし ▶P.117

千光寺

尾道坂道

古民家を改装した尾道の喫茶店「帆雨亭」

しまなみ海道

USHIO CHOCOLATL

シンプルで奥深い「丸ぼし」の尾道ラーメン

20

2日目 フェリーで鞆の浦へ！海辺の町をのんびり散策

10:00	尾道駅前桟橋	
フェリー60分	※尾道〜鞆航路(季節航路)の運航は土日祝のみ	
11:00	鞆港	
徒歩5分		
11:15	常夜燈	▶P.142
徒歩すぐ		
11:30	太田家住宅	▶P.142
徒歩すぐ		
12:30	ランチ	鞆の浦 a cafe ▶P.143
徒歩5分		
13:30	医王寺	▶P.144
徒歩10分		
14:00	鞆港	
フェリー60分		
15:00	尾道駅前桟橋	
徒歩6分		
15:30	買い物	本通り商店街 ▶P.113
徒歩5分		
17:00	尾道駅	

常夜燈

太田家住宅
医王寺

本通り商店街

チョコレートの「Coco by 久遠」はカフェを併設 ▶P.113

尾道駅

夕やけカフェドーナツ

鞆の浦 a cafe

おやつとやまねこ

アートと旬グルメ

縮景園（しゅっけいえん）・ひろしま美術館（びじゅつかん）・嚴島神社（いつくしまじんじゃ）
アートスポットと世界遺産を巡るプラン

広島タウンと宮島の見どころをぎゅっと詰め込んだ欲張りコース！

広島県縮景園

人気の「うえの」はあなごめし弁当も販売

ひろしま美術館

時刻	移動	場所	参照
9:00	広電15分	**広島駅**	
9:30	徒歩15分	**広島県縮景園**（ひろしまけんしゅっけいえん）	▶P.67
10:30	電車35分	**ひろしま美術館**（びじゅつかん）	▶P.66
12:30	フェリー10分	**ランチ** うえの	▶P.44
13:30	徒歩5分	**嚴島神社**（いつくしまじんじゃ）	▶P.36
14:30	徒歩3分	**カフェ** 牡蠣祝 ▶P.43 / 天心閣 ▶P.43	
15:30	徒歩3分	**豊国神社（千畳閣）**（ほうこくじんじゃ せんじょうかく）	▶P.41
16:00	フェリー10分＋電車35分	**買い物** 表参道商店街 ▶P.46	
18:00		**JR広島駅**	

牡蠣祝

豊国神社(千畳閣)

嚴島神社

テーマ別モデルプラン

のんびり散策

倉敷美観地区・大原美術館・千光寺

美しい街並みをのんびり散策プラン

倉敷の美しい景観や尾道のレトロな街並みを存分に楽しもう。

時刻	場所	メモ	参照
9:00	**JR倉敷駅**		
徒歩13分			
9:30	**倉敷美観地区**		▶P.158
徒歩すぐ			
10:00	**カフェ**	エル・グレコ	▶P.164
徒歩すぐ			
11:00	**大原美術館**		▶P.161
電車60分			
13:30	**ランチ**	尾道ラーメン 丸ぼし	▶P.117
徒歩13分			
14:30	**千光寺**		▶P.110
徒歩5分			
15:30	**坂道さんぽ**	猫の細道・千光寺新道	▶P.112
徒歩20分			
17:00	**ONOMICHI U2**		▶P.114
徒歩7分			
18:30	**尾道駅**		

倉敷美観地区

レトロなカフェ「エル・グレコ」でひと息

「丸ぼし」は尾道ラーメンの新勢力

尾道の坂道

大原美術館

ONOMICHI U2

千光寺

広島瓦版

HIEOSHIMA
NEWS

大人　絶景旅

尾道

尾道水道の絶景を見渡す2つの展望スポット

尾道の千光寺公園に2つのビュースポットが誕生。一つは「頂上」を意味する「PEAK」の名を冠した展望デッキ。長さ63メートルの展望デッキからは、尾道水道をはじめ、日本遺産に認定される尾道の街並みを望むことができる。現代アートを思わせる斬新なデザインにも注目だ。もう一つは、公園内の元尾道城を解体しオープンした展望施設で、2つを組み合わせると「ビークみてみ」になる。

せんこうじちょうじょうてんぼうだい　ピーク
千光寺頂上展望台PEAK　▶P.111

せんこうじこうえん　してんば　ミテミ
千光寺公園 視点場MiTeMi

MAP P.105B-2　☎0848-38-9184（尾道市産業部観光課）

所尾道市三軒家町22-29　休見学自由　交JR尾道駅から徒歩10分　Pなし

❶2022年3月にリニューアルした❷2022年3月にオープン。愛称は公募で決まった

---

❶海岸線と平行に並ぶ美術館のエントランス棟❷レストランでは地元の幸を生かした料理を

❶
©SIMOSE

❷
©SIMOSE

しもせびじゅつかん
下瀬美術館

MAP P.5A-2　☎0827-94-4000

所大竹市晴海2-10-50　時9:30～16:30　休月曜（祝日の場合は開館）　料入館料1800円　交JR玖波駅からこいこいバスで10分、ゆめタウン停下車徒歩5分　P73台

大竹市

海を望む新感覚の美術館
「アートの中でアートを観る」

2023年3月に開館したばかりの海辺の美術館。美術館を中心に、ヴィラやレストランが一体になった施設「SIMOSE」で構成されており、世界的な建築家・坂茂が設計を手がける。

宮島

嚴島神社の大鳥居の改修終了
3年ぶりの雄姿が目の前に

▶P.36

引き潮のときには大鳥居まで歩き、間近で見学することができる

2019年から約70年振りに行われた大鳥居の大規模改修工事が2022年12月に終了。工事の足場などが撤去され、鮮やかな朱色に蘇った大鳥居が3年ぶりにお目見え。これまで以上の存在感を放つ。

チャージ1500円でワンオーダー制

▶P.64

広島

おりづるタワーの新名所
ルーフトップバー

展望台が、オリジナルカクテルとともに夜景を楽しめるルーフトップバーに！新たな夜スポットとして注目を集めている。夜に向かって空の色が変化する、幻想的なマジックアワーは見逃せない。

広島

広島市民球場跡地に登場
市民も観光客も楽しめる新名所

画像提供：NEW HIROSHIMA GATE PARK

ペットを連れての散歩もできる

ヒロシマ　ゲート　パーク
HIROSHIMA GATE PARK

MAP P.55B-2　☎非公開

所広島市中区基町5-25　時施設により異なる　休無休　交広電原爆ドーム前からすぐ　Pなし

球場跡地を再整備したイベント広場が2023年3月に開業。緑豊かな広場やイベントスペースのほか、ショップやレストランなども立ち並び、広島市民の新たな憩いの場になりそう。

AREA
GUIDE

<ruby>宮<rt>みや</rt>島<rt>じま</rt></ruby>

周辺スポットからの
アクセス

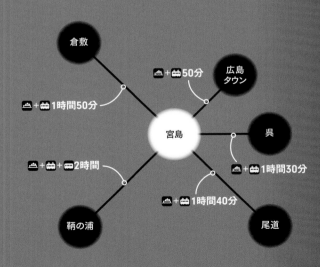

多宝塔は2025年まで改修工事中のため、景観が異なります。

1 <ruby>弥<rt>み</rt></ruby><ruby>山<rt>せん</rt></ruby> ［弥山］ ▶P.42

2 <ruby>豊<rt>ほう</rt></ruby><ruby>国<rt>こく</rt></ruby><ruby>神<rt>じん</rt></ruby><ruby>社<rt>じゃ</rt></ruby>（<ruby>千<rt>せん</rt></ruby><ruby>畳<rt>じょう</rt></ruby><ruby>閣<rt>かく</rt></ruby>） ［厳島神社周辺］
▶P.41

3
ふじたや [厳島神社周辺]
▶ P.45

1巨岩が集まる弥山山頂2柱や梁がむき出しになっている3宮島グルメの代名詞あなごめし4宮島に生息するシカ5丘の上の古民家を改装したカフェ6宮島の絶景を眺めながらひと息

4
厳島神社 [厳島神社周辺]
▶ P.36

5
牡蠣祝 [厳島神社周辺]
▶ P.43

6
天心閣 [厳島神社周辺]
▶ P.43

紅葉谷川

岩惣

卍 四宮神社

紅葉谷公園

厳島（宮島）

1

岩惣

宮島グランドホテル 有もと

卍 光明院

白糸川

P.29,43
牡蠣祝　　天心閣 P.29,43　　社務所
　　　　　　　　　　　　　　　　　・宝物収蔵庫
三翁神社 卍

P.41 大本山 大聖院

わたなべ

仁王門

お食事処 とりい P.46

卍 荒胡子神社
・豊国神社 五重塔

厳島神社 P.8,26,29,36,50

金乃比羅神社
卍

ふじたや P.29,45

2

豊国神社(千畳閣) P.28,41

厳島神社宝物館 P.41

卍 大願寺

宮島歴史民俗資料館

聚景荘

・大鳥居

経塚・

清盛神社 卍

紅葉谷川

宮島水族館 みやじマリン P.48

広島湾

国民宿舎 みやじま 杜の宿

卍 大元神社

大元公園

3

大元川

大元隧道

宮島中心部

広域図 ▶ 下図

0 50 100m

A **B** **C**

1

廿日市市

うぐいす歩道

⊗宮島中・小

北之神社 卍

リブマックスリゾート安芸宮島

宮島ホテルまこと 卍西方寺貫寿院

真光寺 卍

P.46 COCONCA anco
P.48 CAFE HAYASHIYA
市民センター
町家通り
P.47 鳥居屋

宮島ゲストハウス鹿庭荘
ホテル宮島別荘
P.48 三栗屋 P.47 藤い屋 本店
P.48 焼がきのはやし
P.45 いな忠
杓子の家

43
山一別館 今伊勢神社
存光寺 卍
表参道商店街
P.47 紅葉堂 弐番屋 宮島錦水館
厳島 いろは
P.48 穴子と牡蠣
P.45 お食事処 梅山 まめたぬき
ホテルみや離宮
P.47 勝谷菓子パン舗
P.48 MIYAJIMA COFFEE
P.47 PriMevErE
P.46 MIYAJIMA BREWERY

170

2

観光会館
宮島桟橋

宮島松大汽船桟橋
宮島松大汽船フェリーのりば
厳島港

松大カーフェリー
松大フェリー
JRフェリー

JR桟橋(のりば)

宮島口

広域図 ▶ 右図

0 50 100m

広島湾

松大カーフェリーのりば ● JRフェリーのりば
松大フェリーのりば

旅客ターミナル ● 宮島コーラルホテル

広島電鉄宮島線
広電宮島口駅 うえの P.44
43
競艇場前駅(臨)
宮島口駅前
広島駅
宮島口駅
山陽本線
廿日市市
宮島口
宮島口西
広島駅
岩国駅

3

A

宮島広域図

広域図 ▶ P.5

0 0.5 1km

榧谷駅
紅葉谷駅
獅子岩駅
宮島ロープウエー
弥山 P.28,42

上図

聖崎

広島湾

厳島神社
大聖院 卍

廿日市市
厳島(宮島)

広島電鉄宮島線
広電西広島駅
競艇場前駅へ(臨)
広電宮島口駅

左図
宮島口駅
山陽本線
岩国駅

大野瀬戸

B **C**

宮島

みやじま

かわいい鹿の姿に
心がなごみます

一度は見たい神秘的な光景

広島観光の代名詞である厳島神社。海に浮かんでいるような社殿は、何度見てもうっとり見とれてしまう美しさだ。一年中にぎわう人気の宮島だが、一番のピークはやはり秋。神社はもちろん、フェリーも島内も混雑必至だが、艶やかな紅葉に彩られた紅葉谷や弥山の光景は圧倒的な美しさだ。また、宮島といえば、にぎやかな商店街を巡るのも大きな楽しみ。多彩な店が立ち並ぶので、あちこち寄り道してみよう。ほとんどの店が夕方には閉店するので注意したい。

定番スポットにプラスして…

【こんな楽しみ方もあります】

夜は幻想的な
ライトアップ！

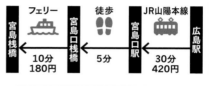

厳島神社は日没30分後ぐらいから23時まで、毎日ライトアップを実施。静寂に包まれた幻想的な光景は夜だけの楽しみ。

フェリーから見る
大鳥居に注目

宮島桟橋まで移動するフェリーに乗るときは、進行方向右側のデッキがおすすめ。海側から大鳥居を正面に見ることができる、絶好のチャンスだ。

もみじ饅頭
食べ比べ

生地や餡、味の種類が店ごとに異なる。老舗も多い宮島では、焼きたてが楽しめるところも多いので、食べ比べてお気に入りを探そう。

宮島参拝遊覧船で
大鳥居に迫る！

宮島に宿泊するなら、厳島神社・大鳥居を間近に眺められるナイトクルーズ「宮島参拝遊覧船」がおすすめ。公式HPから予約しよう。

混雑必至のエリアをスムーズに移動

【交通案内】

フェリー

宮島口から宮島桟橋へ渡るフェリーはJR西日本宮島フェリーと宮島松大汽船の2社。どちらも宮島まで所要10分、往復360円。

徒歩

宮島内の移動は徒歩が基本となる。厳島神社や豊国神社、表参道商店街など、主要な見どころの大半は近い距離に集まっている。

ロープウエー

紅葉谷公園から運行しており、紅葉谷駅から弥山中腹までは2種類のロープウエーを乗り継いで約20〜30分。開放感バツグン！

	フェリー		徒歩		JR山陽本線	
宮島桟橋	🚢	宮島口桟橋	👣	宮島口駅	🚃	広島駅
	10分 180円		5分		30分 420円	

見どころも多いエリアだから…

【上手に巡るヒント！】

1　嚴島神社は人の少ない朝がおすすめ

昼から特に混雑するので、午前中早めがマスト。早朝なら廻廊も人が少なくゆっくり歩ける。ちなみに朝は6時30分開門。

2　意外とハードな弥山登山はスニーカー必須

弥山はロープウエーを利用するのが一般的。頂上までは、石段や坂道を上らなければいけないため、必ずスニーカーで。

3　あなごめしは開店を狙うかテイクアウトで

宮島名物のあなごめしのお店は、どこも混雑必至。昼時を外すことはもちろん、できれば開店時を狙って行列を回避したい。あなごめしは弁当を販売する店も多いので、混雑時はテイクアウトを利用しよう。

さらに
裏ワザ

☑ 広島〜宮島をつなぐフェリー

フェリー「ひろしま世界遺産航路」なら、広島市の平和記念公園から宮島桟橋まで45分でダイレクトにアクセスできる。乗り換えなしでスムーズ！

人気店が集まり年中にぎやか

2 表参道商店街

約70店舗が集まるにぎやかなアーケード街。もみじ饅頭やあなごめしの老舗、ニューオープンの話題店など、多彩なジャンルの店が集まり、あれこれ食べ歩きするのも楽しい。夕方17時頃にはほとんどが閉店するのでお早めに。

朱色に染まる幻想的な神殿へ

1 嚴島神社周辺

BEST 絶景

社殿が海の上に立つ世界遺産・嚴島神社は、潮の満ち引きによって表情を変えるのが魅力的。美しい社殿をつなぐ朱色の廻廊を歩き、平安絵巻を思わせる雅な世界を楽しみたい。宮島を訪ねたら、まず足を運びたいスポットだ。

絶景ナビ 嚴島神社 ▶P.36
豊国神社（千畳閣）▶P.41
大本山 大聖院 ▶P.41
牡蠣祝 ▶P.43 天心閣 ▶P.43

! ご注意を

2025年7月まで
多宝塔が改修中

国の重要文化財に指定されている多宝塔が2025年まで改修中。防護シートなどで覆われるなど景観が変わる。

宮島内に
コンビニはなし

ATMを利用できず困る人も。宮島口にコンビニがあるので、現金が必要であればフェリーに乗る前に用意しよう。

混雑時は時間に
十分余裕を

世界中から観光客が訪れる宮島。観光シーズンはどの店も混雑必至、フェリーの乗船も時間がかかるので要注意。

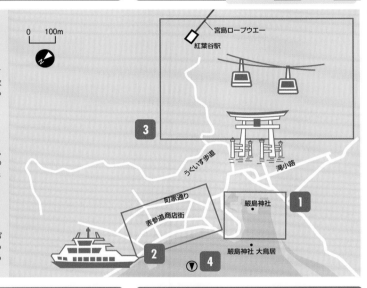

宮島ロープウエー
紅葉谷駅
0 100m
嚴島神社
嚴島神社 大鳥居
うぐいす歩道
滝小路
町家通り
表参道商店街

宮島旅の起点はここ

4 宮島口

宮島桟橋へのフェリーはここから乗船。日中は15分ごと、夜は30分〜1時間ごとに運航している。JR宮島口駅からフェリー乗り場までの間には、土産店や食事処もあり、あなごめしの弁当を買って、宮島に渡るのもおすすめだ。

絶景に出合えるパワースポット

3 弥山

BEST 絶景

嚴島神社の背後にそびえる弥山。手つかずの自然が残る弥山原始林は、世界遺産に登録されている。山頂の展望台から、美しい瀬戸内海を一望しよう。ロープウエー＋登山で往復2〜3時間はかかるので、時間には余裕をもって。

絶景 ナビ 弥山 ▶P.42

嚴島神社から迫力の絶景まで
観光名所を巡る安芸の宮島コース

絶景ナビ 嚴島神社〜千畳閣〜弥山〜表参道商店街

1日コース
公共交通機関で

神秘的な嚴島神社から巨岩群が待つ弥山まで、大定番の宮島を楽しみ尽くすプラン。宮島ならではの絶景や名物グルメを満喫しよう！

START

宮島観光の起点はココ！
JR宮島口駅

駅の近くには、あなごめしの名店「うえの」もあるので要チェック。宮島内にはコンビニがないので、必要なものがあれば駅前のコンビニに寄っておこう。

徒歩5分

10:30 迫力ある建物と眺望が圧巻
豊国神社（千畳閣）

嚴島神社を参拝したあとは、神社にゆかりのあるスポットへ。畳857枚分の広さを誇る開放感たっぷりの千畳閣からは、嚴島神社や大聖院が一望できる。

絶景ナビ

▶P.41

徒歩1分

9:00 近づく神社に期待も膨らむ
フェリー

フェリーは2社あり、宮島口から宮島桟橋まではどちらも10分。混雑時は座れないことも多いが、デッキから景色を眺めるのも楽しい。

フェリー 10分
徒歩10分

11:30 ランチは宮島名物あなごめし
お食事処 梅山

ふっくらやわらかく焼き上げたあなごがたっぷり。甘めのタレとご飯もベストマッチだ。行列必至の人気店なので、昼時を外して少し早めに訪ねたい。

▶P.45

徒歩15分

9:30 多彩な見どころに注目！
嚴島神社

絶景ナビ

▶P.36

まずは大定番の嚴島神社を参拝しよう。美しい廻廊を歩けば、荘厳な社殿が次々登場。見どころがたくさんあるので、見逃さないようにじっくり回ろう。

徒歩5分

12:30 大自然を感じる空中散歩
宮島ロープウエー

瀬戸内海の絶景や迫力ある巨岩など、見どころたっぷりの弥山。中腹の獅子岩展望台までは、2つのロープウェイを乗り継いで行くことができる。

ロープウエー 15分

(i) 街歩きナビ

広島観光といえば、まずは宮島。近年は海外からの観光客も増加し、季節や曜日を問わず混雑する日が増えている。ゆっくり観光を楽しみたいなら、とにかく朝早くから動き出すのが鉄則。定番の厳島神社も、比較的人が少ない朝のうちならゆっくり参拝できる。昼食にあなごめしを楽しんだら、午後は弥山へ。頂上は想像以上の高さなので、時間と体力に余裕をもって訪れるようにしたい。

帰る前には、にぎやかな表参道商店街で寄り道を。もみじ饅頭も多彩な店があるので目移り必至。どの店も17時頃閉店するので、遅くならないように気を付けたい。

宮島最古の歴史を誇る寺院
大本山 大聖院
（だいほんざん だいしょういん）

弥山の麓にある大聖院の境内には、いたるところに個性豊かな仏像が安置されている。願いをひとつ叶えてくれる一願大師様に会いにいこう。

▶P.41

or

名前入りの杓子をお土産に
杓子の家
（しゃくしのいえ）

しゃもじやカトラリーのほか、ストラップやマグネットなどの小物も充実。手書き文字のサービスがあるので、世界にひとつのアイテムをお土産にしよう。

▶P.49

or

かわいい海の生きものに会おう
宮島水族館 みやじマリン
（みやじますいぞくかん）

瀬戸内海の生きものを中心に展示。アシカライブなどのイベントも充実で、子どもから大人まで一緒に楽しめる。水族館のオリジナルグッズもかわいい。

▶P.48

+1 時間

13:30 瀬戸内海の大パノラマに感動
弥山
（みせん）

獅子岩展望台から頂上までは歩いて約30分。坂道や石段が続くので、歩きやすい靴と服装で出かけよう。展望台からの絶景をお楽しみに。

▶P.42

🚠 ロープウエー 15分
👣 徒歩10分

15:00 絶景をおともにカフェタイム
天心閣
（てんしんかく）

宮島の高台に立つおしゃれなカフェで、ほっとひと息。瀬戸内海の絶景を眺めながら、ゆったり流れる時間を楽しもう。

▶P.43

👣 徒歩5分

16:00 宮島グルメをハシゴしよう
表参道商店街
（おもてさんどうしょうてんがい）

焼きたてのもみじ饅頭や宮島産のクラフトビールなど、魅力的なグルメが満載！

▶P.46

商店街でお土産も購入しよう

👣 徒歩5分

GOAL

宮島桟橋

海の青に映える社殿の朱
唯一無二の神秘の世界

info 大鳥居の改修工事が完了！

宮島のシンボルである大鳥居の令和の大修理
が約3年半の歳月を経てついに完了。屋根の
葺き替えや柱の改修・塗装を終えて美しく荘
厳な姿がよみがえった。

1 絶景ナビ

嚴島神社
（いつくしまじんじゃ）

厳島神社周辺

MAP P.30D-2 ☎0829-44-2020

推古天皇元（593）年に佐伯鞍職が創建したと伝わる。平安時代末期、安芸守に任官された平清盛が、現在のような海上に立つ寝殿造りの社殿を造営した。市杵島姫命・田心姫命・湍津姫命の三女神が祀られている。

所 廿日市市宮島町1-1 **時** 6:30〜18:00（季節により変動）**休** 無休 **料** 昇殿料300円 **交** 宮島桟橋から徒歩10分 **P** なし

Bestシーズン	通年

> 高さ16m！
> 木造の鳥居では
> 国内最大級

▌干潮・満潮の時間について知りたい！

【2023年7月1日の潮位予想】

干潮・満潮は1日2回ずつ。それぞれ約6時間ごとなので、1日過ごせばどちらも見ることができる。

6 時	…277cm	15 時	…71cm
7 時	…293cm	16 時	…128cm
8 時	…287cm	17 時	…193cm
9 時	…252cm	18 時	…255cm
10 時	…197cm	19 時	…308cm
11 時	…142cm	20 時	…344cm
12 時	…95cm	21 時	…347cm
13 時	…58cm	22 時	…318cm
14 時	…46cm	23 時	…275cm

干潮

砂浜から歩いて大鳥居のそばまで近づける。間近で見ると圧巻！

満潮

社殿や大鳥居が、海に浮かんでいるよう。水面がきらめいて神秘的。

美しい廻廊は
社殿群をつなぐ
重要なポイント

1 入江に沿うように造られた廻廊（国宝）**2** 舞楽の
日本三舞台の一つである高舞台（国宝）**3** 社殿の建
築様式は平安時代に建てられたときのまま

3

info 恒例の舞楽に注目しよう

平清盛が四天王寺か
ら厳島神社に伝えた
という舞楽。高舞台
では年約10回舞楽が
奉奏され、誰でも自
由に鑑賞できる（昇
殿料は別途）。

写真提供／広島県

2

海上にそびえ立つ
宮島のシンボル

大鳥居は海底に埋められているのではなく、鳥居自体の重みで立っている。2022年12月に改修が完了した

嚴島神社の参拝ルートを予習！

美しい見どころが廻廊に沿って登場

嚴島神社の最大の特徴といえば、なんといっても海の上に造られた社殿。108間（270m）の廻廊が結ぶ平安様式の社殿は、造営当時の佇まいがほぼそのまま残されている。

廻廊を歩けば、三女神を祀る御本社や、舞楽のための高舞台など、見どころが次々登場。そのほとんどが国宝・重文に指定されている。

廻廊
かいろう

東廻廊と西廻廊で計108間ある。1間に床板が8枚敷かれている。国宝

客神社
まろうどじんじゃ

嚴島神社の摂社の中で最も大きく、神社の祭事はここから始まる重要な場所。国宝

御本社
広い境内の中で、最も重要な参拝スポット

出口
唐破風の屋根が印象的。昔はここが入口だったともいわれる

西廻廊

天神社

反橋

嚴島神社宝物館

ゴール

東廻廊

能舞台
海の上の能舞台は日本唯一。西廻廊からその姿を眺めよう

朝座屋

スタート

お守りの授与や御朱印の受付はここで行われている

客神社

高舞台

平舞台の先端部分で、青銅製の灯籠が立つ。行列ができることもある撮影スポット。国宝

火焼前
人気撮影スポットのため、順番待ちの行列ができることも多い

入口
入口の手前にある手水所で手と口を清めよう

火焼前
ひたさき

豊国神社（千畳閣）

御笠浜

大鳥居
干潮時はここまで歩くことが可能。2022年12月に改修工事が完了して美しくなった

入口
いりぐち

東廻廊へとつながる入口は、切り妻造りの屋根が印象的

御本社
ごほんしゃ

本殿、幣殿、拝殿、祓殿はすべて国宝。三女神を祀り、海の神として信仰される

高舞台
たかぶたい

天文15(1546)年に寄進された、舞楽の日本三舞台のひとつ。ここで舞楽が舞われる。国宝

能舞台
のうぶたい

海に建てられた能舞台としては国内唯一。毎春、桃花祭御神能が奉納される。重要文化財

むき出しの梁や柱が印象的！

思わず息をのむ圧倒的なスケール

2 絶景ナビ 豊国神社（千畳閣） 嚴島神社周辺

MAP P.30D-2 ☎0829-44-2020 （嚴島神社）

豊臣秀吉が千部経の転読供養のために建立を命じた。秀吉の死により、現在も未完成のまま。神社には秀吉公と加藤清正公が祀られており、857畳を誇る大伽藍は島内最大の規模。

所 廿日市市宮島町1-1 時 8:30～16:30 休 無休 料 昇殿料100円 交 宮島桟橋から徒歩10分 P なし

Bestシーズン　春・秋

応永14年(1407)建立された五重塔(拝観は外部のみ。内部不可)

4 絶景ナビ 嚴島神社宝物館 嚴島神社周辺

MAP P.30E-2 ☎0829-44-2020 （嚴島神社）

平安末期以降、嚴島神社に奉納された美術工芸品・史料を所蔵。平清盛らが奉納した『平家納経』（国宝、展示は複製品）などを展示。

所 廿日市市宮島町1-1 時 8:00～17:00 休 無休 料 入館300円 交 宮島桟橋から徒歩15分 P なし

3 絶景ナビ 大本山 大聖院 弥山

MAP P.30F-1・2 ☎0829-44-0111

大同元年（806）に弘法大師が開いたとされる。境内には数多くの仏像が安置され、本尊の波切不動明王は秀吉が奉納したという。

所 廿日市市宮島町210 時 8:00～17:00 休 無休 料 参拝自由 交 宮島桟橋から徒歩20分 P なし

神仏分離令と嚴島神社

明治の神仏分離令のあと、神社では仏教的要素が一掃された。嚴島神社や五重塔の仏像も大聖院などに遷された。

【仏像の変遷】

嚴島神社
仏像1体移動
仏像1体

五重塔
仏像1体移動
仏像3体移動

多宝塔
仏像1体移動

豊国神社（千畳閣）
仏像3体移動

大聖院

大願寺

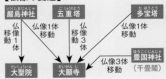

info 願いをひとつ叶える一願大師様

大師堂の裏に安置される一願大師は、一つだけ願いを叶えてくれるお大師様だという。

お大師様のまわりには、願いを込めた絵馬がぎっしり！

大スケールの絶景が待つ
宮島のパワースポットへ

MAP P.31C-3 ☎0829-44-2011
（宮島観光協会）

島中心に位置する標高535mの霊山。自然のままの原始林が今も残り、世界遺産に登録される。山頂までは複数の経路があるが、中腹の獅子岩展望台まではロープウエーが利用できる。

所廿日市市宮島町 **時**休**料**見学自由 **交**宮島ロープウエー獅子岩駅から徒歩30分（山頂展望台）**P**なし

Bestシーズン 春・秋

info **弁当を持参するのもおすすめ**

獅子岩駅から先は売店がないので、昼をまたぐ場合は弁当を持参しよう。展望台から絶景を眺めて、名物のあなごめしをいただくのも贅沢。コースの途中にもいくつかベンチがある。

見どころたっぷりの
弥山ハイキングコース

手つかずの原始林が残る、神の島・弥山。
伊藤博文も絶賛した美しい景色に出合おう。

宮島ロープウエー獅子岩駅

START

GOAL

弥山山頂 みせんさんちょう

巨岩が集まる山頂には展望台も。360度の大パノラマが楽しめる

くぐり岩 いわ

巨大な奇石が積み重なってできたトンネルは人気の撮影スポット

弥山本堂 みせんほんどう

本尊は虚空蔵菩薩。弘法大師が修行した場所と伝えられている

霊火堂 れいかどう

弘法大師が灯したとされる「消えずの火」が不消霊火堂で燃え続ける

獅子岩展望台 ししいわてんぼうだい

獅子岩駅からすぐ。標高433mで、青い海と美しい島々が一望できる

42

ワイン片手に
海を一望!
贅沢な宮島時間

1 気候のいい日は窓を開け放つこ
とも **2** ケーキとドリンクのセット
1380円 **3** 静かなロケーション

絶景
ナビ **6** **牡蠣祝**
（かきわい）
厳島神社周辺

MAP P.30D-1 ☎非公開

丘の上に立つ古民家を改装。店内は一面ガラス
張りで、絶景を眺めながらカフェやワインが
楽しめる。春〜秋に登場するテラス席も素敵。

所廿日市市宮島町422 時13:00〜17:00（LO16:00）
休不定休 交宮島桟橋から徒歩15分 Pなし

Bestシーズン ▶ 春・秋

7 絶景
ナビ
天心閣
（てんしんかく）
厳島神社周辺

MAP P.30D-1 ☎0829-44-0611

スペシャルティコーヒー専門店「伊
都岐珈琲」が手掛ける。日本庭園
を囲むテラスで、宮島の町並みを
眺めながら至福の一杯を。

所廿日市市宮島町413 時14:00〜
17:00 休水・木曜 交宮島桟橋か
ら徒歩15分 Pなし

Bestシーズン ▶ 春・秋

1 緑側を思わせるテラ
ス席 **2** ドリップコーヒ
ーは650円。ケーキの
セットは＋650円 **3**
2022年3月にリニュー
アル

目線の高さに
豊国神社と
五重塔が!

あなごめし

名物のワケ

100年以上前に、駅弁として誕生した宮島のあなごめし。宮島口の「うえの」発祥といわれ、今は宮島グルメの代表格として愛されている。

あなごめし上
2530円
代々受け継ぐ秘伝タレを絡めて焼き上げたアナゴの下は、アナゴだしで炊いた味飯

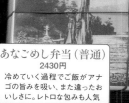

あなごめし弁当（普通）
2430円
冷めていく過程でご飯がアナゴの旨みを吸い、また違ったおいしさに。レトロな包みも人気

info 事前予約で弁当を
お土産に！
予約不可の食事処は平日でも行列覚悟で。ただし、あなごめし弁当の持ち帰りなら予約できるので、宮島観光のおともや、帰りの新幹線でのお楽しみに購入するのもおすすめ。

うえの

宮島口

MAP P.31A-3 ☎0829-56-0006

所 廿日市市宮島口
1-5-11 時 10:00〜
19:00（水曜は〜18:
00、弁当販売は9:00
〜）※売り切れ次第閉
店 休 無休 交 JR宮島
口駅からすぐ P 7台

穴子と味飯の共演
恍惚の奥深い旨み

明治34（1901）年創業。先代が宮嶋駅（現在の宮島口駅）で駅弁を販売したことが、あなごめしのルーツとされる。シンプルな一品でありながら、秘伝のタレやアナゴだしの味飯など、唯一無二のおいしさに出合える。

開店と同時に満席に。多いときは
1日1000食も出るという人気

売り切れ御免！
ふっくら天然穴子

有名グルメガイドでも紹介された人気店で、メニューはあなごめしのみ。白焼きを提供直前にタレ焼きで仕上げたアナゴは、ふっくらやわらかく、穴子本来の味がしっかり楽しめる。予約不可なので開店時が狙い目。

ふじたや

厳島神社周辺

MAP P.30E-2
☎0829-44-0151
所廿日市市宮島町125-2
時11:00〜17:00 休不定
休 交宮島桟橋から徒歩
15分 Pなし

あなごめし
3000円
使用するのは天然アナゴのみ。吸い物の内容は季節替わり（冬はカキ）

食べ応えしっかり
幅広い世代に好評

宮島で100年以上続く食事処。アナゴやカキを使った料理が充実し、定食や丼のほか一品料理も豊富に揃い、食事はもちろん、昼呑みにも最適。のったアナゴを贅沢に2匹も使ったあなご丼は、ボリュームも大満足の一品。

お食事処 梅山

表参道商店街

MAP P.31B-2
☎0829-44-0313
所廿日市市宮島町844 時
10:00〜17:00 休不定休
交宮島桟橋から徒歩5分
Pなし

あなご丼
1980円
ご飯を覆うたっぷりのアナゴは、甘すぎないタレがポイント。大盛は＋250円

店頭に漂う香りに
思わず誘われる

もともと鮮魚店として創業し、当時から扱っていたアナゴを現在は食事処として提供。にぎやかな商店街の中心にあり、店頭で焼き上げるアナゴの香ばしい香りが食欲をそそる。あなごめし弁当は持ち帰りも可能だ。

いな忠

表参道商店街

MAP P.31C-2
☎0829-44-0125
所廿日市市宮島町507-2
時10:30〜15:30 休木曜
交宮島桟橋から徒歩7分
Pなし

あなごめし
2300円
アナゴのだしで炊いたご飯と、甘辛く香ばしいアナゴが絶妙にマッチ

アンコロネ
250円〜
店頭に並ぶコロネは定番アンコロネと季節のアンコロネが数種類。宇治抹茶300円

「藤い屋」の新ブランド！

🏠 COCONCA anco
ココンカ　アンコ

MAP P.31C-2 ☎0829-44-1020
所廿日市市宮島町490 時10:00〜17:00 休無休 交宮島桟橋から徒歩8分

片手でパクッ♪
和と洋が
絶妙にマッチ！

表参道商店街
おいしいものめぐり

☕ CAFE HAYASHIYA

鳥居屋

COCONCA
anco

勝谷
菓子パン舗

MIYAJIMA
COFFEE
（→P48）

PriMeVerE

☕

スイーツからクラフトビールまで、あらゆるグルメが集まる商店街。にぎやかな雰囲気を楽しみながら、あちこち寄り道してみよう。

🍴 お食事処 とりい

焼きたて
アツアツを
味わって！

MIYAJIMA
BREWERY 🍴

焼牡蠣
2個500円
店頭で味わえる焼きカキ。ぷっくり太ったカキはジューシーで食べ応えあり

瀬戸内の海の幸を楽しもう

🍴 **お食事処 とりい**
しょく じ どころ

MAP P.30D-2 ☎0829-44-2202
所廿日市市宮島町大町1144 時10:00〜16:00 休不定休 交宮島桟橋から徒歩10分

ビールに合う
フードも
スタンバイ！

できたてのビールが楽しめる
クラフトビール醸造所

🍴 MIYAJIMA
ミヤジマ
BREWERY
ブルワリー

MAP P.31C-2
☎0829-40-2607
所廿日市市宮島町459-2 時12:30〜17:00（土・日曜は10:30〜）休無休 交宮島桟橋から徒歩8分

宮島WEIZEN
宮島OYSTER STOUT
Mサイズ700円
スタンドでは常時5種類前後のクラフトビールを用意。種類は季節替わり

町家通りの「CAFE HAYASHIYA」（→P.48）はパフェが充実

info 趣のある
町家通りも歩こう

表参道商店街の一筋東は、昔ながらの町家が多く残る町家通り。最近はカフェや雑貨店なども増えており、のんびり散策するのも楽しい。

もみじまんじゅう
1個130円

オリジナル製粉の小麦粉、北海道産の小豆、新鮮な卵など素材にこだわる。お茶とまんじゅうのセットは230円

宮島の新名物"もみクロ"
🛍 鳥居屋

MAP P.31C-2 ☎0829-44-2200

所廿日市市宮島町492 時8:30〜17:00
休無休 交宮島桟橋から徒歩8分

サクサクパイと自家製あんこは相性バツグン♪

大正14年創業
老舗の逸品を
🛍 藤い屋 本店

MAP P.31C-2
☎0829-44-2221

所廿日市市宮島町1129
時10:00〜17:00（焼きたては要問合せ）休無休 交宮島桟橋から徒歩7分

焼きたてのもみじまんじゅうは格別

町家通り

もみじクロワッサン
1個250円

パイ生地で自家製粒餡やクリームを包んだ一品。季節ごとに限定味も登場

🛍 三栗屋
（→P48）

焼きがきのはやし
（→P48）

いな忠
（→P45）

紅葉堂
弐番屋

勝谷あんマーガリン
300円

広島お好み焼き
480円

大正時代からもみじ饅頭を作ってきた勝谷菓子舗の味を受け継ぐコッペパンが人気

表参道商店街

藤い屋 本店

穴子と牡蠣
まめたぬき
（→P48）

約27種類が揃う
🛍 勝谷菓子パン舗

MAP P.31C-2
☎080-8984-8640

所廿日市市宮島町465-1
時10:00〜17:00 休木曜
交宮島桟橋から徒歩8分

🍴 お食事処 梅山
（→P45）

ミックスベリー
ミルク
500円

ブルーベリーやラズベリーを使った一杯。ほどよくフルーツの果肉が残る

サクサク揚げもみじが人気
🛍 紅葉堂 弐番屋

MAP P.31C-2 ☎0829-44-1623

所廿日市市宮島町512-2 時9:30
〜17:30（季節により変更あり）休不定休 交宮島桟橋から徒歩7分

定番のあんこや瀬戸内レモンなど全4種！

旬のフルーツを
ジュースで味わう
🛍 PriMevErE

MAP P.31C-2
☎0829-44-1661

所廿日市市宮島町463-1 時
10:30〜17:00 休不定休 交
宮島桟橋から徒歩8分

揚げもみじ
1本200円

薄い衣は驚くほどサックサク！揚げたてなので中の餡やクリームも熱々とろり

ひろしまミックス
500円

ミカン、パイン、リンゴ、イチゴなどをミックス。甘さと酸味のバランスが絶妙

🍴 焼がきのはやし
MAP P.31C-2 ☎0829-44-0335

焼ガキの発祥店で、一年を通して新鮮な牡蠣料理が楽しめる。大粒で濃厚な焼がきは3ヶ1400円。

所 廿日市市宮島町505-1 時 10:30〜17:00 休 水曜 交 宮島桟橋から徒歩7分 P なし

🐬 宮島水族館 みやじマリン
MAP P.30E-3 ☎0829-44-2010

海の生きものが身近に感じられる水族館。愛らしいスナメリをはじめ、380種1万5000点以上を展示。

所 廿日市市宮島町10-3 時 9:00〜17:00（最終入館16:00） 休 無休（施設点検のため臨時休館あり） 料 1420円 交 宮島桟橋から徒歩25分 P なし

☕ MIYAJIMA COFFEE
MAP P.31C-2 ☎0829-44-0056

古い建物を改装した趣ある空間で、鮮度の高いコーヒーを楽しもう。ドリップコーヒー390円とお手頃。

所 廿日市市宮島町464-3 時 9:00〜18:00 休 無休 交 宮島桟橋から徒歩8分 P なし

☕ CAFE HAYASHIYA
MAP P.31C-1 ☎080-1932-0335

町家通りにある明るくモダンなカフェ。HAYASHIYA tea`sパフェ1580円など、かわいいパフェが大人気。

所 廿日市市宮島町町家通り504-5 時 11:30〜17:00（16:20LO） 休 水曜、火曜不定休 交 宮島桟橋から徒歩8分 P なし

🍴 穴子と牡蠣 まめたぬき
MAP P.31C-2 ☎0829-44-2152

老舗旅館「錦水館」にある食事処。煮穴子を丸々2本使用し、ご飯とともに蒸したあなごめし2300円。

所 廿日市市宮島町1133錦水館1階 時 11:00〜14:30LO、17:00〜20:00LO 休 不定休 交 宮島桟橋から徒歩6分 P なし

かわいい宮島雑貨をお土産に

手描き猫根付
各500円
看板猫がいる三栗屋にはたくさんの猫モチーフの手作り商品も

鳥居・鹿・紅葉の手描き木製クリップ3個セット
各500円
店主が絵付けした、地色が選べる木製のクリップ

宮島あまびこ土鈴
2750円
店主が手作りする1点1点表情が異なるかわいい土鈴

三栗屋
MAP P.31C-2 ☎0829-44-2668

鹿や宮島をモチーフにした手作りの雑貨がかわいいと人気。気が向くと出動する看板猫にも会いたい。

所 廿日市市宮島町541-6 時 10:00〜17:00 休 木曜 交 宮島桟橋から徒歩7分 P なし

鳥居・鹿・紅葉の刺繍お守り袋
各900円
宮島訪問のおみやげにぴったりの刺繍お守り

宮島あまびこさん絵付け体験
1人3000円
要予約で店主が焼き上げた素焼きのあまびこさんに絵付けの体験ができる。約1時間2名まで

名物
名品

杓子
（しゃくし）

機能性の高い縁起物
宮島土産の大定番

バターナイフ
500円

ひのき杓子
500円

スプーン
450円

豆皿
500円

杓子はサイズや形のバリエーションが豊富。カトラリーは口当たりの良さも魅力

マグネット
400円
杓子の形のマグネット。絵柄も多彩で気軽なお土産にぴったり

ストラップ
700円
好きなフレーズのものを選び、裏には名前を入れてもらおう

🛒 購入は専門店で

杓子の家（しゃくしのいえ）　表参道商店街

[MAP] P.31C-2 ☎0829-44-0084

所 廿日市市宮島町488 時 10:00〜17:00（季節により異なる）休 水曜 交 宮島桟橋から徒歩8分 P なし

日本一の杓子の産地、そして発祥の地である宮島。大小さまざまな杓子を宮島土産にする人も多いだろう。その始まりは江戸時代に遡る。修行僧・誓真が琵琶の形を使った杓子を宮島参拝の土産として提案。島の人々にその作り方を伝授したことが始まりという。その後、宮島杓子は、職人の高い技術と工夫により、ご飯が付きにくく匂いも移らない優れた杓子として、高く評価されるようになり、明治時代の日清・日露戦争では、「飯取る」と「敵をめしとる」をかけ、縁起物として全国的にその名が広まった。現在は、「幸せをめしとる」縁起物として、結婚式や祝い事など、あらゆるシーンで宮島杓子が使われている。杓子の製造販売を行う「杓子の家」では、実用的な杓子から、その技術を生かしたカトラリーまで、幅広い商品を扱う。手書き文字を入れるサービスが人気で、名入り杓子やストラップは旅の思い出に最適だ。

にぎやかな表参道商店街にあり、いつも観光客がたくさん

目移り必至のラインナップ。どれもお手頃でうれしい

大人気の名入れサービス。週末は順番待ちになることも

歴史

×神社

story & history

この旅をもっと知る“絶景の物語”

海に浮かぶ姿が幻想的 嚴島神社の歴史をたどる

幻想的な姿をひと目見ようと世界中から観光客が集まる
嚴島神社。その歴史の始まりを探ってみよう。

嚴島神社の由来と 平清盛による大改修

推古天皇元（593）年、佐伯鞍職（さえきのくらもと）によって創建された嚴島神社。島そのものをご神体として信仰し、当時は「伊都岐島大明神」が祀られていたことから、「伊都岐島神社」と呼ばれており、それが名前の由来になったと伝えられる。現在の社殿の形が誕生したのは、創建から500年以上経った仁安3（1168）年。嚴島神社を篤く崇拝していた安芸守の平清盛が、今とほぼ同じ規模の御社殿を造営した。37棟の本宮、19棟の外宮から成る御社殿は、数年がかりで完成したという。その後、嚴島神社は一門の権勢の増大とともに栄

嚴島神社の社殿を造営した平清盛は、多くの美術品を奉納した

え、平家の守護神となり、多くの皇族や貴族が参詣した。承元元（1207）年と貞応2（1223）年の二度の大きな火災や自然災害を経験するも、その度当時の様式で再建や修復がなされ、受け継がれてきた。現在は仁治年間（1240～1243）以降に造営された社殿が残されている。

心に響く日本三景、 そして世界文化遺産へ

美しい嚴島神社を中心とする宮島は、日本を代表する景勝地であり、宮城の松島や京都の天橋立と並んで、「日本三景」の一つに数えられている。その始まりは、江戸時代の儒学者・林春斎が『日本国事跡考』のなかで、この3つの景観に言及したこと。海と緑に囲まれた、日本を象徴する美しい日本三景は、歴史的な和歌や文学にも度々登場してきた。嚴島神社は、1996年には世界文化遺産に登録。日本文化を伝える建築であり、宮島全体が文化的景観を成している点などが評価された。

水の影響を考えた対策と これからの改修予定

海の上に立つ社殿には、海水の影響を考えた工夫が凝らされている。例えば、高潮のときに海水を床上へ逃がし、水圧を緩和させるため、廻廊の床板にはわざと隙間が作られている。さまざまな対策や工夫はもちろん、定期的な修理も実施されている。

2019年6月からの大鳥居の修理工事も完了した

嚴島神社・改修の歴史

593年	（推古天皇元年）	嚴島神社創建
1168年	（仁安3年）	現在の姿の社殿を造営
1207年	（承元元年）	火災で社殿焼失。その後再建
1223年	（貞応2年）	再び火災により社殿焼失
1236年	（嘉禎2年）	社殿再建、外宮完成
1241年	（仁治2年）	本宮完成
1850年	（嘉永3年）	大風で大鳥居・社殿大破
1875年	（明治8年）	大鳥居再建
1901年	（明治34年）	明治・大正の大修理
1919年	（大正8年）	大修理完成
1945年	（昭和20年）	枕崎台風で社殿被災
1949年	（昭和24年）	昭和大修理開始
1950年	（昭和25年）	キジヤ台風で社殿被災
1957年	（昭和32年）	昭和大修理竣工

写真提供／宮島歴史民俗資料館

広島
タウン

周辺スポットからの
アクセス

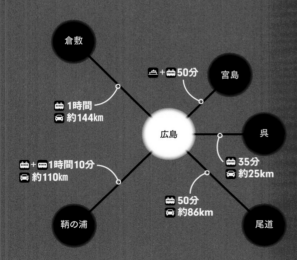

倉敷

🚄+🚃50分 宮島

🚄1時間
🚗約144km

広島

呉

🚄+🚃1時間10分
🚗約110km

🚄35分
🚗約25km

🚄50分
🚗約86km

鞆の浦

尾道

1 平和記念公園(→P.60) 2 原爆の子の像(→P.61)
3 世界中から寄贈される折り鶴 4 広電は広島のシ
ンボル 5 広島グルメの代表格、お好み焼き(→P.72)
6 広島城(→P.67) 7 おりづるタワー(→P.64)。夕
暮れ時には幻想的な雰囲気になる屋上展望台

P.69,84 ekie
P.84 ekie DINING
P.84 酔心 ⊠
P.84 魚魚一 ⊠
P.84 むさし ⊠
P.85 廣島ぶちうま通り ⊠
P.85 みっちゃん総本店 ⊠
P.85 くにまつ+武蔵坊 ⊠
P.85 エキエバル
P.85 鮨 広島 あじろや ⊠
P.85 和久バル
おみやげ館
P.69 しま商店

ホテルチューリッヒ東方2001
JR広島病院
P.74 Masaru ⊠
東区
瀬戸内高校

にしき堂 光町本店 P.86
ekieエキキタパーク
マックスバリュ
広島ガーデンパレス
東蟹屋町

ホテル
グランヴィア広島
広島駅
アントレマルシェ P.69
広島駅
JPビル
福屋

二葉通り
シェラトン
グランドホテル広島
84
P.68 お好み焼 まるめん本店 ⊠
東区民
文化センター
東区役所

P.85 広島赤焼き えん 駅西本店 ⊠
栄橋
P.85 バルタン本店 ⊠

岡山駅

山陽新幹線
広島東署 ⊗
山陽本線
37

芸備線
山陽本線
海田市駅

P.5 ひろしまお好み物語 駅前ひろば ⊠
P.75 電光石火 駅前ひろば店 ⊠
広島駅
駅前大橋
Big Front
ひろしま
猿猴橋町
東横INN広島駅
スタジアム前

叡啓大学 ⊗
上柳橋
世界平和記念聖堂 P.68
エリザベト音楽大学
3 Tea Garden
Pul-Pul
銀山町

駅前大橋南詰
ホテル
センチュリー21広島
駅前通り
荒神橋
P.68 MAZDA Zoom-Zoom
スタジアム 広島
コストコ
ホールセール

的場町
大正橋
164
球場前(西)
平和橋
猿猴川
東大橋

164
稲荷町
稲荷大橋
ムッシムパネン P.83
稲荷町
大正橋

En Hotel Hiroshima
松川町
段原一丁目
段原山崎

酒肆なわない P.80
東広島橋
段原中央

薬研堀 八昌 P.73
比治山町
広島市現代美術館 P.67

ちんちくりん薬研堀本店 P.74
比治山下
広島段原
ショッピングセンター

田中町
平和大通り
37
鶴見橋
比治山トンネル
南区

フジグラン 広島
京橋川
広
島
電
鉄
皆
実
線
比治山公園

比治山
橋
比治山橋

広島大学医学部

平野橋
広島市南区民文化センター
宇品通り
南区役所前
2
南区役所
広島港
出汐町
広島大学病院

54

広島

広域図 ▶ P.5

0   100   200m

西区

博多駅

城北通り

城北

アストラムライン

祇園新道

博多駅

白島

家庭裁判所前

白島通り

縮景園前

広島市
中区

女学院前

広島電鉄白島線

常盤橋東詰

京橋川

P.67
広島県立
縮景園

広島県立
美術館

広島
女学院高校

横川新橋

横川駅

横川橋

別院前

寺町通り

寺町電停

寺町

広島電鉄横川線

十日市町

十日市

土橋

小網町

広電西広島

小網町

天満川

舟入通り

舟入町

広島電鉄江波線

舟入本町

江波

新住吉橋

新明治橋

明治橋

基町ショッピングセンター

マルナカ

基町高校

基町クレド

広島中央公園

グリーンアリーナ

市立中央図書館

広島城南

空鞘橋

護国神社

天守閣

広島城 P.53,67

裁判所

広島合同庁舎

広島はくしま病院

縮景園前

P.66 ひろしま美術館

リーガロイヤルホテル広島

P.24 HIROSHIMA GATE PARK
P.24 ルーフトップバー
P.11,53,64 おりづるタワー
本川町
そごう広島店
相生橋
基町

相生通り

原爆ドーム前

原爆ドーム P.10,62,70

サンモール

P.73 お好み焼 長田屋

P.79
つけ麺本舗
辛部 十日市店

平和の鐘

原爆の子の像

元安橋

P.68 Caffe Ponte

本川橋

P.77 かき船かなわ

国立広島原爆死没者
追悼平和祈念館

P.78 汁なし担々麺 麻沙羅

平和記念公園 P.11,52,60

広島国際会議場

広島平和記念
資料館 P.63

袋町

P.68 おにぎり仁多屋 本店

旧太田川（本川）

吉島通り

元安川

P.78 汁なし担担麺専門
キング軒 大手町本店

万代橋

広島文化学園・
HBGホール

中島神崎橋

JMS
アステールプラザ

中島

広島みらい創生高

住吉町

紙屋町西

紙屋町

広島市民病院

県庁前

城南通り

紙屋町東

広島電鉄本線

立町

P.11,72 みっちゃん総本店
八丁堀本店

日本銀行

P.78 中華そば
くにまつ

P.83 フルーツカフェ
タマル

八丁堀

三越

福屋

P.75
P.68 お好み焼き じゅにあ

コオリヤユキボウシ

広島アンデルセン

P.79
元祖へんくつや 総本店（本店・新天地店）

P.82
五ェ門 胡町本店

パルコ

パルコ新館

本通

本通

広島県庁

P.68

広島オイスターバー
MABUI 袋町店

P.77

冷めん家 大手町店

P.75 お好み村

石まつ三代目 P.81

袋町公園 P.73

廣島つけ麺本舗 ばくだん屋 本店 P.79

バターケーキの
長崎堂 P.68

ホテル法華クラブ広島

ANAクラウンプラザホテル広島

三井ガーデンホテル広島

白神社前

P.81 いちりん

広島電鉄宇品線

中電前

広島国泰寺高校

ヒルトン広島
中央通り

保健所前

広島中央局

中区役所

市役所前

広島市役所

市役所前

東千田公園

鷹野橋

天神川

ザ・ノット広島

広電

55

江波

舟入本町

A   B   C

広島のおりづるは
平和のシンボルです

名所が集まる人気の観光都市

名所が集まる人気の観光都市広島旅行の起点となるこのエリア。広島駅は広電（路面電車）の発着駅となっているので、到着後の観光もスムーズだ。原爆ドームや資料館が集まる平和記念公園も、広島駅から電車一本でアクセス可能。広島の新たなランドマークとして注目のおりづるタワーもぜひ立ち寄りたい。また、お好み焼きやカキの専門店など、広島グルメの人気店が多数集まるのも広島タウンの魅力。駅ビルには、飲食店もお土産も充実しているので、旅の最後までたっぷり楽しめる。

ひと味ちがう観光を
【こんな巡り方も！】

広島東洋カープの試合を観戦！

広島といえばカープ！カープファンが盛り上がるスタジアムでの野球観戦も楽しい！もちろん早めのチケット予約が必須。

ヒロシマ ピース ボランティアの方と資料館や公園を巡る

ボランティアスタッフから直接話を聞きながら見学できるので、展示や施設についての理解が深まる。

個人でも解説を受けられる
ヒロシマ ピース ボランティア

スタッフが公園や資料館を一緒に歩き、慰霊碑や展示を解説。広島や原爆について深く知ることができる。グループでも個人でも対応可能。

ヒロシマピースボランティアの上野堂さん

☎082-541-5544（広島平和記念資料館啓発課）
🕐10:30〜15:30（受付は〜14:30）🈺12月30・31日 ※資料館内解説は休止中。公園内解説は1年前〜1週間前の同一曜日まで予約可（当日受付可）💴無料（入館は別途）

混雑必至のエリアをスムーズに移動
【交通案内】

広電
正式名称は広島電鉄。市内を網羅しており、名所はほぼこれでアクセスOK。多彩な車両にも注目して。

雁木タクシー
大人6人乗りの小型ボートを使用した、広島の川を走る水上タクシー。観光向けのコースもいくつかある。

レンタサイクル
広島市シェアサイクル「ぴーすくる」などのレンタサイクルは、小回りが利いて移動もスムーズ。

徒歩
平和記念公園〜広島本通商店街〜八丁堀辺りは、徒歩で十分移動可能。寄り道しながら歩くのも楽しい。

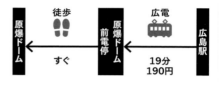

| 原爆ドーム | ← 徒歩 すぐ → | 原爆ドーム前電停 | ← 広電 19分 190円 → | 広島駅 |

見どころも多いエリアだから…
【上手に巡るヒント！】

1 路面電車で景色も楽しもう

広電は外の景色も楽しみのひとつ。気になるスポットに合わせて乗り降りするなど、気ままな観光を楽しむのもおすすめ。

2 食事に迷ったらにぎやかな八丁堀へ

八丁堀は飲食店が多数。なかでも、居酒屋やバーなどが軒を連ねる流川通り・薬研堀通りは、広島きっての夜の街。食事に迷ったら、とりあえずこのエリアへ。

3 街なかや広島駅でお土産を買い分けよう

お土産の購入は、定番土産がほとんど揃う駅ビルがおすすめ。ただし、「バターケーキの長崎堂」（→P.68）のバターケーキなど、駅ビルでの販売がない＆売り切れ必至の商品は、早めに入手しておこう。

> **さらに裏ワザ**
> ☑ 観光に便利なバスやクルーズを使おう
> 市内循環バス「ひろしま観光ループバス（めいぷる〜ぷ）」や、ミニクルーズ船「ひろしまリバークルーズ」も便利で楽しい♪

アートなスポットが点在する

2 広島城周辺
（ひろ しま じょう しゅう へん）

広島城を中心に、ひろしま美術館や広島縮景園などの名所が集まるエリア。いずれも広いスポットなので、時間に余裕をもって巡ろう。広電八丁堀電停から白島線に乗り換えを。

BEST 絶景

絶景ナビ
ひろしま美術館 ▶P.66
広島城 ▶P.67
広島県縮景園 ▶P.67

話題店が増えてにぎわいを増す

1 広島駅周辺
（ひろ しま えき しゅう へん）

新幹線の停車駅であり、広電の発着駅となる広島駅。駅ビルには飲食店やお土産店が充実しており、帰る直前まで楽しむことができる。多彩な飲み屋が集まる駅の西側エリア「エキニシ」にも注目しよう！

絶景ナビ
広島市現代美術館 ▶P.67

❗ ご注意を

人気店は行列必至！開店を狙うのがベター

お好み焼きをはじめ、広島グルメの人気店がひしめく広島タウン。できるだけ開店時を狙うのがおすすめ。

平和記念資料館は時間にゆとりを

資料にはそれぞれ丁寧な解説が。半日がかりで見学する人もいるほどなので、見学時間はゆっくり設定しておこう。

広電では小銭を用意

広電の市内線は190円の均一運賃。おつりが出ないので、事前に車内の両替機で両替を。交通系ICカードも利用可。

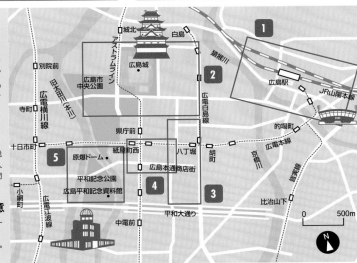

世界の平和について考えよう

5 平和記念公園周辺
（へい わ き ねん こう えん しゅう へん）

広電を降りると、原爆ドームが目の前に。緑が広がる平和記念公園の中には、資料館や慰霊碑などがある。おりづるタワーの展望台からは原爆ドームや公園を一望できる。

絶景ナビ
平和記念公園 ▶P.60
原爆ドーム ▶P.62
広島平和記念資料館 ▶P.63
おりづるタワー ▶P.64

グルメもショップもなんでも揃う

4 広島本通商店街周辺
（ひろ しま ほん どおり しょう てん がい しゅう へん）

全長577m、東西に延びる広島最大の商店街。ショッピングもグルメも楽しめ、週末ともなれば一日中多くの人でにぎわう。アーケードがあるので、天候に左右されずに散策が楽しめるのもうれしい。通称「本通り」。

にぎやかなタウンの中心

3 八丁堀
（はっ ちょう ぼり）

百貨店やホテルなどが集まる、広島タウンの中心エリア。居酒屋やバーなどが密集している流川通り・薬研堀通りは、夜の街としてにぎわう広島屈指の繁華街だ。夜も楽しみたい人はこの辺りに宿泊しよう。

見どころをつなぐ路面電車
にぎやかな広島タウンを巡る

絶景ナビ 原爆ドーム〜平和記念公園〜おりづるタワー〜八丁堀

半日コース
公共交通機関で

平和記念資料館やおりづるタワーなど、見どころの多い広島タウン。
お好み焼きなど人気の広島グルメもたっぷり。広電での移動も楽しもう。

START

朝から晩までにぎやか

広島駅

新幹線の停車駅である広島駅は、広電（路面電車）の発着駅でもあるので便利。大きな荷物はコインロッカーに預けて、さっそく広島観光に出かけよう！

👣 徒歩すぐ

12:30 世界に訴える平和のシンボル

原爆ドーム

チェコ出身のヤン・レツル氏が設計。被爆したが、奇跡的に全壊を免れ、核兵器の恐ろしさを伝える建築物として、1996年に世界文化遺産に登録された。

▶P.62

👣 徒歩すぐ

11:00 路面電車でのんびり旅を

広電

広島タウンの観光に欠かせないのが広電。沿線には繁華街や平和記念公園などがあり、宮島口までアクセスすることも可能。多彩な車両にも注目してみて。

🚃 電車で約16分

13:00 緑に包まれた祈りの公園

平和記念公園

被爆前、市内有数の繁華街だった中島地区が現在は平和記念公園に。平和記念資料館や慰霊碑があり、ヒロシマ ピース ボランティアの方と巡るのがおすすめ。

▶P.60

👣 徒歩すぐ

11:30 川辺のカフェでランチタイム

Caffe Ponte

平和記念公園の対岸にある、開放感たっぷりのオープンカフェ。モーニングからディナーまで一日中楽しめる人気店で、天気のいい日はテラスがおすすめ。

▶P.68

👣 徒歩すぐ

14:00 被爆資料を通じて平和を訴える

広島平和記念資料館

2019年4月にリニューアルオープン。被爆者の遺品などを中心に展示する本館と、核兵器の危険性や、広島の歩みを展示する東館で構成される。

👣 徒歩7分

▶P.63

👣 徒歩すぐ

広島タウンの散策は、路面電車の広電が必須。街を眺めながらの移動ものんびり楽しもう。まず向かいたいのは、原爆ドームや資料館がある平和記念公園だが、現在は緑あふれる公園だが、現在は緑あふれる平和記念公園や資料館がある平和記念公園だが、現在は緑あふれる公園だが、街を一瞬にして壊滅させた原爆の恐ろしさを資料館で学び、平和を祈る各施設を巡ろう。見学後は、広島の新名所であるおりづるタワーから、現在の広島の街を一望するのもお忘れなく。お楽しみの夕食はもちろんお好み焼き。人気店は開店時を狙うか早めの来店がベターだ。旅の〆のお土産探しは広島駅が便利。帰る直前まで買い物を楽しもう。

豪華な印象派コレクション
ひろしま美術館

+1 時間

ゴッホ『ドービニーの庭』（1890年）をはじめ、モネ、ルノワールなど、日本有数の印象派のコレクションに定評あり。明るく開放感あふれるカフェもすてき。

絶景ナビ

▶ P.66

or

美しい天守閣は必見!
広島城

天正17(1589)年、毛利輝元が築城。原爆により天守閣は全壊したが、優美な姿で「鯉城」と呼ばれた。現在の天守閣は昭和33年に復元された。

絶景ナビ

▶ P.67

or

四季折々の美景が広がる庭
広島県縮景園

広島藩主・浅野長晟（ながあきら）が築いた庭園。春は桜、秋は紅葉など、四季折々の風景が楽しめる庭園は、多くの人々の憩いの場となっている。

絶景ナビ

▶ P.67

16:00 広島の新たなランドマーク
おりづるタワー

原爆ドームのすぐそばに立つタワービルで、手掛けたのは建築家・三分一博志氏。屋上にある展望台「ひろしまの丘」から広島の街が一望できる。

絶景ナビ

▶ P.64

👣 徒歩12分

17:30 お好み焼き文化を作った人気店
みっちゃん総本店 八丁堀本店

夕食は広島グルメの代名詞・お好み焼きに決まり! 平日でも行列ができる有名店は、開店時を狙うのがベスト。焼きたて熱々のおいしさは感動必至。

▶ P.72

🚃 電車で13分

GOAL

お土産をまとめてGET!
広島駅

地元のグルメやお土産が充実している駅ビル。定番から話題のものまで多彩なアイテムが揃うので、お土産は旅の最後にまとめ買いするのがおすすめだ。

▶ P.69

広島市の中心部から
平和への祈りを捧げよう

1

平和記念公園周辺

平和記念公園 (へいわきねんこうえん)

MAP P.55B-2 ☎082-247-6738

昭和初期まで広島市の繁華街・中島地区として栄えた場所。現在は、原爆死没者の慰霊と世界恒久平和を祈念し、公園として整備されている。平和記念資料館や慰霊碑など、平和への願いを込めた多数のスポットが点在する。

所 広島市中区中島町1、大手町1-10 時 料 休散策自由 交 広電原爆ドーム前電停からすぐ P なし

核兵器の恐怖を知ろう
見るべき場所はここ

1945年8月6日、人類史上初めて使用された核兵器・原爆。その惨状を訴える施設がこちら。

原爆死没者慰霊碑 (げんばくしぼつしゃいれいひ)（広島平和都市記念碑）

原爆死没者名簿が石室に納められている。アーチの奥に原爆ドームが見える。

原爆ドーム (げんばく)

被爆した当時の姿のまま立ち続け、核兵器の廃絶と世界の恒久平和を訴える。

原爆の子の像 (げんばくのこのぞう)

12歳で亡くなった佐々木禎子さんをはじめ、犠牲となった子供たちの霊を慰める像。

平和の鐘 (へいわのかね)

平和共存の世界を目指す象徴として作られた鐘楼。鐘は誰でも自由につける。

広島平和記念資料館 (ひろしまへいわきねんしりょうかん)

被爆者の遺品や被爆の惨状を示す資料などを多数展示し、被爆の実相を紹介。

原爆の惨劇を伝える
恒久平和のシンボル

2 原爆ドーム

平和記念公園周辺

MAP P.55B-2 ☎082-247-6738
（広島市観光案内所）

広島県物産陳列館として建設され、こ
こから南東160mの上空で原爆が炸裂。
奇跡的に全壊を免れた建物は平和の象
徴として世界遺産に登録される。

所広島市中区大手町1-10 平和記念公園
内 時 休 料見学自由（見学は外観のみ）交
広電原爆ドーム前電停からすぐ Ｐなし

info 不定期の
ライトアップに注目

不定期で行われるライトアップ。宵に
浮かぶその姿が、犠牲者への慰霊とと
もに戦争の悲惨さを改めて感じさせる。

3 広島平和記念資料館
（ひろしまへいわきねんしりょうかん）

平和記念公園周辺

MAP P.55B-2 ☎082-241-4004

一瞬で多くの命を奪った原子爆弾。本館・東館合わせて4つの展示ゾーンがあり、被爆者の遺品展示や証言などを通して、その惨状を伝える。

所広島市中区中島町1-2 時8:30〜16:30（季節により変動）休12月30・31日、2月中旬の3日間 料入館200円 交広電原爆ドーム前電停から徒歩10分 Pなし

丹下健三氏が設計した本館は、国の重要文化財に指定されている

核の非人道性と被害者の声を知る
館内のここに注目してみよう

本館では人々の被害に重点を置いた展示、東館では核兵器の脅威や復興の展示を行う。

本館

被爆の実相

8月6日のヒロシマ

被爆当日の広島の惨状を伝える写真や遺品、市民が描いた原爆の絵などを展示する「8月6日の惨状」、放射線による被害についての資料を展示する「放射線による被害」で構成。

被爆者

資料館に寄贈された、遺品の展示が中心。家族が大切に保管し続けたものなど、一つ一つの遺品が命の大切さを伝える。被爆者の苦しみや悲しみなど、思いを記した手記も紹介。

東館

導入展示

3F

被爆前の広島市の写真から始まる。「失われた人々の暮らし」では、地形模型にCG映像を投影し、一瞬でまちが壊滅した様子を伝える。

核兵器の危険性

3F

原爆の開発や実験、投下に至るまでの経過や、その影響、核兵器廃絶に向けた展示を行う。タッチパネル式の大型情報検索装置も設置。

広島の歩み

2F

戦争前後の広島のまちや人々の暮らしや、復興までの過程などを展示。被爆体験を次世代に継承するための活動も紹介する。

復興したまちを見渡せる
広島を感じる展望台

外からは、おりづるが投入
された高さ約50ｍの「お
りづるの壁」が見える

絶景ナビ

4 おりづるタワー

平和記念公園周辺

MAP P.55B-2 ☎082-569-6803

原爆ドームの隣に立つタワービルで、建築家・三分一博志氏が設計。おりづるを折ったり、デジタルコンテンツが楽しめる体験エリアのおりづる広場や、広島市が一望できる展望台「ひろしまの丘」が見どころ。

所広島市中区大手町1-2-1 時展望台・物産館10:00～19:00（展望台最終入場18:00）、カフェ10:00～19:00（18:00LO）※最新情報はHPで確認 休不定休 料入場2200円、おりづる投入100円 交広電原爆ドーム前電停からすぐ Ｐなし

info 昼＆夜ふたつの
表情を楽しもう

来場当日に限り、何度でも
再入場が可能。昼にのんび
り日向ぼっこを楽しみ、夕
暮れに合わせて夕日＆夜景
を見に来るのもおすすめ。

デッキに
寝転んでも
もちろんOK！

■ 広々とした空間に楽しみいっぱい
おりづるタワーの見どころをcheck

まずは屋上展望台「ひろしまの丘」へ。
景色を満喫したあと、各フロアを楽しもう！

散歩坂 `1F - RF`

1階〜屋上を上り下りできるスパ
イラルロープ。絵画の展示やすべ
り台がある。

おりづる広場／おりづるの壁 `12F`

折り鶴が積み重なり完成する「お
りづるの壁」。専用の折り紙を購
入して参加しよう。

物産館「人と樹」 `1F`

定番から新商品まで豊富な広島
土産が並ぶ。パッケージが素敵
な商品も多数。

握手カフェ `1F`

広島や瀬戸内の素材を使ったメ
ニューが充実している。テイクア
ウトもOK。

フィンセント・ファン・ゴッホ
《ドービニーの庭》1890年

5 絶景ナビ

広島城周辺

ひろしま美術館

MAP P.55B-1・2 ☎082-223-2530

「愛とやすらぎのために」をテーマに、昭和53(1978)年に設立。モネ、ルノワール、ゴッホといった印象派を中心とするフランス近代美術のほか、明治以降の日本近代美術を所蔵。

所 広島市中区基町3-2 時 9:00〜17:00 休 月曜（祝日の場合は翌平日、特別展会期中は開館）料 展覧会により異なる 交 広電紙屋町西または紙屋町東電停から徒歩5分 P なし（障がい者等専用駐車場のみ）

3 原爆ドームを模した円型の本館ホール。天井から入る自然光がマイヨールの彫刻《ヴィーナス》に降り注ぐ

1 庭に囲まれた本館ホールで常設展示を行う 2 本館のまわりの水路には、被爆者への鎮魂の思いが込められている

ゴッホ、ルノワール、モネ…名作が続々！
印象派コレクションをcheckしよう

所蔵作品の中から、選りすぐりの約80点を常設展示。

マリー・ローランサン《牝鹿と二人の女》1923年

オリジナルマグカップ2530円

ポール・シニャック《ポルトリュー、グールヴロ》1888年

ジャン＝フランソワ・ミレー《夕陽》1867年頃

アンデルセン監修の季節のデリプレート1430円

マスキングテープ693円〜

オーギュスト・ルノワール《パリスの審判》1913-14年頃

エドゥアール・マネ《灰色の羽根帽子の婦人》1882年

6 絶景ナビ 広島市現代美術館
広島駅周辺

MAP P.54E-3 ☎082-264-1121

比治山の丘陵に立つ美術館で、斬新な建物の設計は黒川紀章氏。

所広島市南区比治山公園1-1 時10:00～17:00（入館は16:30まで）休月曜（月曜が祝日、8月6日の場合は翌平日）料展覧会により異なる交広電比治山下電停から徒歩10分 P比治山公園駐車場利用

※2023年3月18日リニューアルオープン

全国初の公立の現代美術館　撮影：花田ケンイチ

7 絶景ナビ 広島城
広島城周辺

MAP P.55B-1

☎082-221-7512

毛利輝元が天正17（1589）年に築いた城。原爆によって全壊したが、昭和33年に大天守の外観が復元された。現在は歴史博物館として、企画展示なども行う。

所広島市中区基町21-1 時9:00～17:30（12～2月は～16:30）休12月29～31日※その他臨時休館あり料天守閣370円交広電紙屋町東電停から徒歩15分 Pなし

info 幻想的なライトアップに注目！

日没後はライトアップされる。光の中に浮かび上がる城は、幻想的で存在感あり！

8 絶景ナビ 広島県縮景園
広島城周辺

MAP P.55C-1

☎082-221-3620

元和6（1620）年、広島藩主・浅野長晟の別邸として作庭。原爆によって壊滅的な被害を受けたが、約30年の復旧により現在の姿に至る。池には大小の島が浮かび、渓谷や橋が巧妙に配されている。

所広島市中区上幟町2-11 時9:00～17:30（9月16日～3月15日は～16:30）休無休料入園260円交広電縮景園前電停から徒歩3分 P29台（有料）

info 四季折々の花を楽しもう

桜、新緑、紅葉、椿など、四季折々の草花が園内を彩る。春や秋はライトアップも行われるので、幻想的な夜の園内散策を楽しみたい。

世界平和記念聖堂
せ かい へい わ き ねん せい どう

MAP P.54D-2 ☎082-221-0621

昭和29年、原爆犠牲者の冥福を祈って建立。設計は村野藤吾氏。戦後建築物では初の国の重要文化財。所広島市中区幟町4-42 時9:00〜17:00（行事のときは見学不可）休無休 料見学無料 交広電銀山町電停から徒歩5分 Pなし

MAZDA Zoom-Zoom スタジアム 広島

MAP P.54F-2 ☎082-568-2777
（広島市民球場指定管理事務室）

広島東洋カープの本拠地。30タイプ以上の観客席が揃い、ユニークなフードや応援グッズも充実。所広島市南区南蟹屋2-3-1 時9:00〜17:00 休12月29日〜1月3日 料施設HP参照 交JR広島駅から徒歩10分 Pなし ※プロ野球開催日は変更あり（施設HP参照）

おにぎり仁多屋 本店
に た や ほん てん

MAP P.55B-2 ☎082-546-0144

奥出雲の仁多米を使ったおにぎり専門店。持ち帰り用のおにぎりやお弁当、お惣菜を販売し、カフェを併設している。所広島市中区大手町2-11-15 時11:00〜14:00（土・日曜、祝日は10:00〜17:00）休無休 交広電袋町電停からすぐ Pなし

お好み焼 まるめん本店
この や ほん てん

MAP P.54F-1 ☎082-298-8903

「磯野製麺」が手掛けるお好み焼き店。まるめん焼き1050円をはじめ、コシのある麺がおいしさのポイント。所広島市東区東蟹屋町18-15 磯野製麺2F 時11:00〜15:00、17:00〜21:00 休月曜（祝日の場合は翌日）、第2・4火曜（祝日の場合は営業）交JR広島駅から徒歩10分 P4台

五ェ門 胡町本店
ご え もん えびすまち ほん てん

MAP P.55C-2 ☎082-249-8089

市内を中心に展開する人気店。お好み焼スペシャルそば（うどん）入り1500円のほか、一品や鉄板焼きも充実。所広島市中区胡町3-14 アーバン胡館1F 時11:30〜14:00、17:00〜24:00（日曜、祝日は〜23:00）休不定休 交広電胡町電停からすぐ Pなし

バターケーキの長崎堂
なが さき どう

MAP P.55C-2 ☎082-247-0769

しっとりとして、風味が濃厚なバターケーキを販売。午前中に完売することも多い。（小）1150円、（中）1400円。所広島市中区中町3-24 時9:00〜15:30（売り切れ次第終了）休日曜・祝日 交広電袋町電停から徒歩5分 Pなし

コオリヤユキボウシ

MAP P.55C-2 ☎082-248-2810

淡雪のようなかき氷の専門店。ヨーグルトエスプーマ＆フレッシュフルーツのユキボウシ1000円（天然氷は200円UP）。所広島市中区紙屋町1-4-11-2 紙屋町の家 時11:00〜19:00（夏季は10:00〜19:30）休不定休（夏期は無休）交広電立町電停から徒歩3分 Pなし

Caffe Ponte
カフェ ポンテ

MAP P.55B-2 ☎082-247-7471

開放感あふれる水辺のオープンカフェ。カフェやランチのほかモーニングも楽しめる。ランチセット1380円など。所広島市中区大手町1-9-21 時10:00〜22:00（土・日曜、祝日、8月は8:00〜）休無休 交広電原爆ドーム前電停から徒歩3分 Pなし

広島駅人気お土産まとめ買い

駅構内や駅ビルには、定番から話題のものまで、幅広いお土産がズラリ。旅の最後にまとめ買いしよう。

もみじ

大本命はコレ

藤い屋
もみじまんじゅう
（5種5個入）600円
こし餡、粒餡、抹茶餡、カスタード、チョコの5種。**AB**

楓乃樹
メープルもみじフィナンシェ
8個入1080円
もみじ形に焼き上げたメープル風味のフィナンシェ。**B**

世界に誇る広島針を手に入れよう

チューリップ
広島針
各セット880円
チューリップ
針山
各1980円

しま商店
MAP P.54E-1 ☎082-568-9195

一本一本心を込めて作られた手縫い針は、布通りよく弾力性に優れている。また、季節の色をイメージした12カ月の針やまシリーズは、針が錆びにくい中綿と台座に桜の木を使用。**B**

レモン

広島の新定番

ヤマトフーズ
レモスコ
453円
100％広島産レモン使用。すっぱ辛い新感覚の調味料。**AB**

おみやげ街道
瀬戸田レモンケーキ＆
マドレーヌ
（各3個入）1166円〜
瀬戸田レモンを使った人気商品2種類の詰め合わせ。**B**

カープ

ファン必見！

バッケンモーツアルト
カープ帽からす麦クッキー
（10枚入）972円
帽子の中にはアーモンドのからす麦クッキー。食べて、かぶれて、大人も子供も笑顔になれるお菓子**B**

カルビー
カープじゃがりこ
お好み焼き味
3袋入378円
じゃがりこ初のプロ野球球団コラボ。ソース味がクセになる！**B**

B ekie（エキエ）
MAP P.54E-1
☎082-567-8011
広島駅改札口直結の商業施設。お土産売場は中四国最大級！
▶P.84

A アントレマルシェ
MAP P.54E-1 ☎082-263-6245
（ジェイアールサービスネット広島）
JR広島駅の在来線改札内にあり、個性ある専門店で構成される。
所 広島市南区松原町　時 7:00〜20:00（変更の場合あり）休 無休　交 JR広島駅構内　P なし

歴史

×原爆ドーム

この旅をもっと知る"絶景の物語"

原爆ドームの姿に迫る
保存と世界遺産登録

原爆や戦争の悲惨さを伝える、平和のシンボル原爆ドーム。
被爆前から被爆、そして今の姿を深く知ろう。

モダンなデザインの
広島県物産陳列館

　もとの建物は、大正4（1915）年4月、広島の物産品を展示・販売する広島県物産陳列館として竣工した。チェコの建築家・ヤン・レツル氏が設計したその建物は、当時非常に珍しいヨーロッパ風のデザインで注目の的に。石材とモルタルで外装が施され、建物の構造は一部に鉄骨を使用したレンガ造り。5階建ての階段室の上には高さ4mの楕円形ドームが配され、モダンな建築デザインは広島名所の一つとなっていた。建物は1階が事務用、2階と3階が陳列に使用されており、産業奨励はもちろん、博物館や美術館としての役割も担っていたという。

モダンな建物の登場は、当時の市民にとっても大きな驚きだった

至近距離で被爆
全壊を免れた理由

　一瞬で広島市街を壊滅させた原爆。広島県産業奨励館（昭和8年改称）から南東約160m、高度約600mで炸裂したにもかかわらず、なぜ建物は倒壊を免れたのか。あまりにも至近距離で被爆したことで、爆風がほぼ垂直に働き、耐力の弱い屋根は潰れたものの、奇跡的に全壊を免れたのだ。建物内の人は全員即死した。

1996年、世界遺産に
維持するための課題

　市街地の復興が本格化していくなかで、原爆ドームの存廃については何度も議論が重ねられてきた。昭和41（1966）年、広島市議会が永久保存することを決議すると、国内外から多くの寄付金が寄せられ、翌年には1回目の保存工事を実施。1995年には国の史跡に指定、1996年には世界文化遺産に登録された。通常の建造物と異なり、破壊された状態を保存することに意味がある原爆ドーム。経年劣化の問題もあるなかで、現在の姿を維持するための方法を考えていく必要がある。

今も現役で運行中！
復興の象徴「被爆電車」

　被爆後、わずか3日後に広島の街を走った路面電車は、「ヒロシマ復興のシンボル」として市民を勇気づけた。当時、市内各地で被爆した電車のうち、今も651号と652号の2両が現役で運行しており、「被爆電車」として人々に親しまれている。

朝のラッシュ時に1・3・5・7号線で運行している

The Hiroshima products gallery ville.

廣島縣物産陳列館

広島で
食べる

お好み焼き

名物のワケ

広島市内に約1500軒あるといわれるお好み焼き店。薄く伸ばした生地にたっぷりのキャベツと麺をのせたお好み焼きは広島を代表するソウルフードだ。

地元で愛される屋台発祥の老舗

昭和25（1950）年、屋台から始まった店で、「～ちゃん」とつく店名が始まったのもこの店から。とろりとしたソースや、パリパリ中華麺、ヘラで食べるスタイルを作った。麺は有名店御用達の「いその麺」を使用。

そば肉玉子
930円
生地はふっくら、麺はパリッと、最後まで飽きない味わい

広島流お好み焼きの作り方

薄く伸ばした生地に、野菜や豚肉、トッピングなどをのせていく

こだわりの麺と具材、卵を合わせ鉄板で蒸らし形が崩れないよう押さえて焼く

オリジナルソースをたっぷりかけて完成。ヘラで直接食べよう

これもオススメ！

プリプリ食感がたまらない牡蠣焼き1150円

コウネ950円は、牛の肩バラの一部でジューシーな広島名物

八丁堀
みっちゃん総本店 八丁堀本店
（そうほんてん）（はっちょうぼりほんてん）

MAP **P.55C-2** ☎**082-221-5438**
所広島市中区八丁堀6-7 時11:30～14:00LO、17:30～20:30LO 休木曜 交広電八丁堀電停から徒歩3分 Pなし

食べる［お好み焼き］

そば肉玉
930円
天かすはイカ天を使用。卵には二黄卵を使用するというサプライズも！

麺パリの常識を作った
行列のできる超有名店

時間をかけて麺をパリパリに焼く「麺パリ」を作り上げた店。2種類の鉄板で火力を使い分けて焼き上げるお好み焼きは、食材の産地にもとことんこだわっている。目の前で焼き上げるライブ感を求めて行列ができる。

薬研堀 八昌
<small>やげんぼり はっしょう</small>

八丁堀

MAP P.54D-2
☎082-248-1776

所 広島市中区薬研堀10-6 時16:00～22:30（日曜、祝日は～21:00）休月曜（祝日の場合は翌日）、第1・3火曜 交広電銀山町電停から徒歩7分 Pなし

伝統の味を求めて
地元客が集う

戦後の屋台村時代から続く老舗で、お好み焼きのスタンダードを築いた。昔から変わらぬ味を求めて、地元客も多く訪れる。ふっくらとした焼き上がりと、断面の美しさにうっとり。ソースは辛めでコクのあるサンフーズ製を使用。

元祖へんくつや
<small>がんそ</small>
総本店（本店・新天地店）
<small>そうほんてん　ほんてん　しんてんちてん</small>

八丁堀

MAP P.55C-2
☎082-242-8918

所 広島市中区新天地2-12 時11:00～24:00 休不定休 交広電八丁堀電停から徒歩3分 Pなし

これもオススメ！

とん平焼 800円。たっぷりのネギ入り

そば肉玉
900円
大きめの生地で蓋をして、じっくりとキャベツを蒸し焼きするのが特徴

カウンターの中には熟練の職人さんが何人も

バリエ豊富な
お好み焼き

平和記念公園近くの人気店。10種類以上トッピングが揃い、好みの具材をカスタマイズできる。みじん切りのタマネギを加えて、甘みをプラス。ソースはトマト感強めで、塩分は控えめ。とんこつスープで麺を炒めるのがミソ。

お好み焼 長田屋
<small>この　やき　ながた や</small>

平和記念公園周辺

MAP P.55B-2
☎082-247-0787

所 広島市中区大手町1-7-9 時11:00～20:00LO 休火・水曜 交広電原爆ドーム前電停から徒歩3分 Pなし

これもオススメ！

まずは定番の肉玉そば860円を注文したい

長田屋焼
1450円
たっぷりのネギでパンチのある一枚に。生エビ、イカ天入り

73

名物のワケ

王道もいいけど、工夫を凝らした個性派も気になるあなたへ。珍しいトッピングや面白いフォルム、カラフルなビジュアルで目でも楽しめる。

牛しょぶり焼
1320円
豚肉の代わりに、ちんちくりん特製牛ミンチを入れた一番人気の味!

一風変わった
メニューに注目

創業20年の個性派名店。お好み焼きはもちろん、鉄板焼きや揚げ物など、オリジナリティあふれる70種以上のメニューを取り揃える。4種類から選べるこだわり麺は、食感や風味の違いで選べるのもうれしい。

八丁堀
ちんちくりん薬研堀本店
（やげんぼりほんてん）
MAP P.54D-3 ☎082-240-8222
所広島市中区田中町6-3 時17:00〜23:30 休火曜、第3または第4月曜 交広電胡町電停から徒歩10分 Pなし

これも
オススメ!

広島産の大ぶりのカキをこんがりと。牡蠣のバター焼き1040円

広島駅周辺
Masaru
マサル
MAP P.54F-1
☎082-263-0234
所広島市東区光町2-14-24 時11:30〜14:00、17:30〜23:00 休火曜 交JR広島駅から徒歩10分 Pなし

これも
オススメ!

チリソースと大葉が意外と好相性なちょいピリ餅ピザ600円

個性的なトッピングとサイドメニューが魅力

八昌で修業した南米出身のシェフが営む「Lopez」から独立した実力派。全席鉄板のカウンターで提供するパリッと麺のお好み焼きが評判。珍しいハラペーニョのトッピングは、お酒が進む一枚に。広島駅から徒歩圏内なのも◎。

ソバ入り+ハラペーニョ
1030円
ピリッと辛さが広がる酢漬けのハラペーニョはクセになる旨さ

オムレツスタイルのビジュアル系

お好み焼き店が集まる施設に入る人気店。店名を冠した電光石火は、薄く焼き上げた卵でオムレツのように具材を包み込む個性派。なるべくヘラで押さえず、食材の食感を生かしふわっと軽やかに仕上げている。

電光石火
1360円
ドーム型の珍しい形。
刻み大葉を入れることで、爽やかな味わいに

これも
オススメ！

広島の家庭ではポピュラーなピリ辛風味の練り物・がんす555円

電光石火 駅前ひろば店
でんこうせっか えきまえ てん

MAP P.54D-1　広島駅周辺
☎082-568-7851
所広島市南区松原町10-1 広島フルフォーカスビル6F 時10:00～22:00LO 休無休 交JR広島駅から徒歩3分

八丁堀

お好み村
この むら

MAP P.55C-2 ☎082-241-2210
（事務局）
戦後に屋台村が集まっていた広場が立ち退きのタイミングで集合施設に。新旧さまざまな店が23軒入る。所広島市中区新天地5-13 新天地プラザビル2～4F 時休店舗により異なる 交広電八丁堀電停から徒歩3分 Pなし

広島駅周辺

ひろしまお好み物語 駅前ひろば
この

MAP P.54D-1 ☎082-568-7890
個性あふれるお好み焼きの人気店が入るほか、レンタルスペースではお好み焼きを自分で焼くこともできる。所広島市南区松原町10-1 広島フルフォーカスビル6F 時休店舗により異なる 交JR広島駅から徒歩3分 Pなし

出来上がったら最後の仕上げにゴマを数振り

府中焼
850円
味付けはガーリックパウダーやカレー粉など。中には巣ごもり玉子が

これも
オススメ！

広島本通商店街周辺

お好み焼き じゅにあ
この や

MAP P.55C-2
☎082-247-1033
所広島市中区立町3-21 時12:00～14:00LO、18:00～22:00LO（日曜は夜のみ営業）休月曜 交広電立町電停から徒歩2分 Pなし

ホルモンを秘伝の調味料で味付け、一夜干しした炙り一夜干しホルモン700円

やみつきになるクリスピー食感 カリカリの府中焼

カウンター7席のみのアットホームな店。もちろんお好み焼きも人気だが、ぜひ食べたいのが豚バラ肉の代わりに牛脂ミンチで表面をカリカリに焼き上げる府中焼。お酒が進むサイドメニューも多彩に取り揃えている。

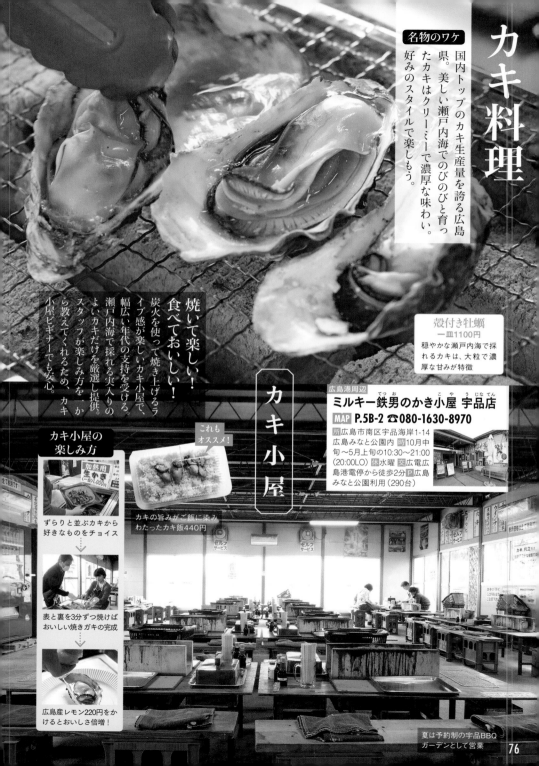

カキ料理

名物のワケ

国内トップのカキ生産量を誇る広島県。美しい瀬戸内海でのびのびと育ったカキはクリーミーで濃厚な味わい。好みのスタイルで楽しもう。

焼いて楽しい！食べておいしい！

炭火を使って焼き上げるライブ感が楽しいカキ小屋で、幅広い年代の支持を受ける。瀬戸内海で採れる実入りのよいカキだけを厳選し提供。スタッフが楽しみ方を一から教えてくれるため、カキ小屋ビギナーでも安心。

殻付き牡蠣
一皿1100円

穏やかな瀬戸内海で採れるカキは、大粒で濃厚な甘みが特徴

カキ小屋

広島港周辺

ミルキー鉄男のかき小屋 宇品店

MAP P.5B-2 ☎080-1630-8970

所 広島市南区宇品海岸1-14 広島みなと公園内 時 10月中旬〜5月上旬の10:30〜21:00（20:00LO）休 水曜 交 広電広島港電停から徒歩2分 P 広島みなと公園利用（290台）

これもオススメ！

カキの旨みがご飯に染みわたったカキ飯440円

カキ小屋の楽しみ方

ずらりと並ぶカキから好きなものをチョイス

表と裏を3分ずつ焼けばおいしい焼きガキの完成

広島産レモン220円をかけるとおいしさ倍増！

夏は予約制の宇品BBQガーデンとして営業

カキ船

老舗カキ船の船上でカキのフルコース

創業150年を超える日本料理店。予約なしで気軽に楽しめるカジュアルフロア「瀬戸」と完全予約制の料亭「和久」のフロアがあり、瀬戸内海にある専用の無人島で採取する濃厚なカキを堪能できる。

春には、川沿いに咲く美しい桜を眺められる

これもオススメ！
かきの喰い切りコース
1万3200円
生カキや、カキとリンゴのグラタンなど名物カキ料理をすべて堪能できる

人気のカキと林檎のグラタン（単品）1650円

平和記念公園周辺
かき船かなわ

MAP P.55B-2 ☎082-241-7416
所広島市中区大手町1地先 時瀬戸11:00〜14:30、17:00〜21:00／和久11:00〜14:00、17:00〜20:00 休年末年始 交広電原爆ドーム前電停から徒歩4分 Pなし

オイスターバー

季節替わりのカキを堪能

国内外から新鮮なカキを仕入れ、常時10種以上の味を提供。時期や季節によって並ぶカキが替わり、一年中さまざまなカキを楽しめる。爽やかに香り立つ広島産レモンをたっぷりかけていただこう。

オイスターロックフェラー 2P（手前）
980円
名物の殻付きグラタン。アヒージョ1180円も人気メニュー

これもオススメ！
産地ごとに味わいが異なる生ガキ3種盛1900円〜

広島本通商店街周辺
広島オイスターバー MABUI袋町店

MAP P.55C-2 ☎082-249-2490
所広島市中区袋町2-26 時11:30〜14:30、17:00〜23:00 休不定休 交広電本通電停から徒歩3分 Pなし

フランス料理専門レストラン

カキの創作料理を江波山公園で

漁師たちの集う茶屋として1900年に創業。地元江波のカキを使ったオーヴン焼き「オイスターヴァリエ」が店の名物料理として親しまれている。ランチ、ディナーのコース料理が楽しめる。

ディナータイムフルコース
5500円（サ別）
冬季はオードヴルとして「オイスターヴァリエ」が味わえる

これもオススメ！
テイクアウト用のフランス弁当は2000円〜（写真は3500円）

緑に囲まれた自然豊かなロケーション

広島港周辺
Chez Yamarai シェ ヤマライ

MAP P.5A-2 ☎082-294-1200
所広島市中区江波南1-40-2（江波山公園内）時12:00〜14:00、17:30〜20:30（日曜は〜20:00）休火曜、月曜不定休 交広電江波電停から徒歩15分 P公園内施設駐車場利用可

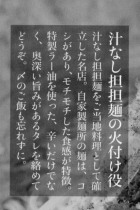

中国・四川省生まれの担々麺がベースのご当地麺。シンプルな料理ながら、複雑に配合されたタレに各店のこだわりが詰まっている。

汁なし担担麺の火付け役

汁なし担担麺をご当地料理として確立した名店。自家製麺所の麺は、コシがあり、モチモチした食感が特徴。特製ラー油を使った、辛いだけでなく、奥深い旨みがあるタレを絡めてどうぞ。〆のご飯も忘れずに。

ちょっぴり辛い2辛がおすすめです

中華そばくにまつ　八丁堀
MAP P.55C-2 ☎082-222-5022
所広島市中区八丁堀8-10 清水ビル1F 時11:00～15:00、17:00～20:00 休土・日曜 交広電立町電停から徒歩3分 Pなし

汁なし担担麺 600円
辛さは1～4辛まで。山椒の香りが鼻に抜けて、爽やかな味わい

麺を食べ切ったら、タレにご飯を絡めて〆

よく混ぜてから温泉玉子を入れるのもおすすめ

くせになるしびれと辛み

自分好みの辛さや量を選べる汁なし担々麺の専門店。毎朝店内で挽く山椒は、驚くほど香りが高く、タレとのバランスが抜群。おいしく食べるための方法が店内壁に貼られており、初めて訪れるときも安心。

女性客にはダントツ人気のメニューです！

あぶりチーズ 850円
クリーミーさが絶品。麺はタレとよく絡むように中太平打ち手もみ麺

平和記念公園周辺
汁なし担々麺 麻沙羅
MAP P.55B-2
☎082-205-6178

所広島市中区大手町2-6-8 大手町ビル1F 時11:00～14:30、17:00～20:30（日曜・祝日は昼のみ営業）休月曜（祝日の場合は営業）交広電袋町電停から徒歩2分 Pなし

多彩なアレンジのスパイシー麺

一番人気のあぶりチーズをはじめ、チリトマトやスパイシーチーズカレーなどの変わり種が豊富。ラー油には世界各国の香辛料10種をブレンドし、奥ゆきのある複雑な味わい。辛さとしびれを選べる。

平和記念公園周辺
汁なし担担麺専門 キング軒 大手町本店
MAP P.55B-3
☎082-249-3646

所広島市中区大手町3-3-14 武本ビル1F 時11:00～15:00、17:00～20:00（土曜、祝日は11:00～15:00）休日曜 交広電中電前電停から徒歩2分 Pなし

汁なし担担麺（並）700円
1辛から4辛まで辛さを選べる。お子様には0辛がおすすめ

このトッピングも

すばやく全体にタレを絡めて食べて

セロリ150円

広島つけ麺

名物のワケ

戦後すぐに登場した野菜たっぷりの広島つけ麺。だしに酢や唐辛子、醤油を合わせたピリ辛ダレにもちもちの麺をつけてどうぞ。

辛さと旨さが後を引く

広島つけ麺の元祖で修業した店主が営む2番目に古い専門店。たくさん使用する野菜にはとことんこだわり、その時々で状態の良い産地のものを使用。コシのあるもちもち麺をあっさりした辛めのタレにつけて。

冷めん家 大手町店

平和記念公園周辺

MAP P.55B-2 ☎082-248-7600

所広島市中区大手町2-4-6 ソフィア大手町1F 営11:00～14:00、18:00～21:00 休日曜、祝日 交広電原爆ドーム前電停から徒歩5分 Pなし

普通 1050円
辛さは7段階。辛めの味付けなので、控えめにして追加する方がベター

持ち帰り・地方発送も可♪

噛むたびにおいしさが増す麺に注目して

普通 950円～
タレはカツオと醤油ベースのスープと香辛料をブレンド。辛さは30段階

つけ麺本舗辛部 十日市店

平和記念公園周辺

MAP P.55A-2 ☎082-294-2225

所広島市中区十日市町1-4-29 1F 営11:30～15:00、17:30～23:00（22:45LO）休不定休 交広電本川町電停から徒歩2分 Pなし

ピリッと辛い特製ダレがウリ

広島県内外に10店舗以上を構える有名店。のど越しつるつるの麺と、ピリ辛の特製和風醤油ダレが相性抜群だ。チャーシューは脂身が少なく、さっぱり食べられる。卓上の辛みダレで辛さを調節しながらいただこう。

もちもちの玉子麺とマイルドな辛さが特徴

やや太めの玉子麺そのものを味わってほしいと、醤油と酢の配合が少なく酸味が控えめのつけダレを使用。辛さをアップすることに、旨みがアップして、より濃厚な味わいに。もちもちの麺ともよく絡む。

廣島つけ麺本舗 ばくだん屋 本店

八丁堀

MAP P.55C-2 ☎082-546-0089

所広島市中区新天地2-12 トーソク新天地ビル1F 営11:30～23:30LO 休不定休 交広電八丁堀電停から徒歩3分 Pなし

くせになる秘伝の辛みを味わって！

広島つけ麺（冷並）889円
つけダレは魚介だしベースの和風醤油ダレとゴマダレが選べる

広島の魚介

▶タコ
三原沖で獲れるタコは、身が引き締まり、コリコリとした食感が特徴

▶アナゴ
宮島の穴子飯をはじめ、広島全域でよく食べられる。やわらかく味わい深い

▶小イワシ
脂が乗った小イワシの美味しさは鯛と同等とも。刺身で食べるのも◎

瀬戸内の魚介×地酒

名物のワケ
カキはもちろん、小イワシやタコなど新鮮な旬魚が獲れることでも知られる瀬戸内の海。多彩に調理された魚介を地酒と一緒に堪能あれ。

日本酒好きが集う 隠れた海鮮居酒屋

繁華街の雑居ビルの地下にひっそりと佇む。毎朝魚屋へ出向き仕入れるという魚介は、瀬戸内のものが中心。新鮮な素材の旨みを生かした多様なメニューと珍しい銘柄の地酒が揃う、知る人ぞ知る名店。

穴子の白焼き
1500円〜
獲れたてのアナゴを香ばしく焼き上げた逸品。口の中に脂の旨みが広がる

小イワシの天ぷら
700円
苦みも楽しんでほしいと内臓が入ったまま揚げる。塩でシンプルに

刺身の盛り合わせ
1人前1800円
タコやコイワシ、夜鳴貝など旬の鮮魚が並ぶ。贅沢な厚めのカット

八丁堀

酒肆なわない
しゅし

MAP P.54D-2

☎082-248-0588

所広島市中区銀山町12-10 藤観ビル B1F 営17:00〜24:00 休日曜 交広電銀山町電停から徒歩5分 Pなし

おすすめの一本

蓬莱鶴1合1100円。豊かな香りが特徴

郵便はがき

1 0 4 - 8 0 1 1

東京都中央区築地

5－3－2

株式会社
朝日新聞出版
生活・文化編集部 行

おそれいりますが
切手をお貼り
下さい

ご住所　〒			
電話　　（　　　　）			
ふりがな お名前			
Eメールアドレス			
ご職業		年齢 　　　歳	性別

このたびは本書をご購読いただきありがとうございます。
今後の企画の参考にさせていただきますので、ご記入のうえ、ご返送下さい。
お送りいただいた方の中から抽選で毎月10名様に図書カードを差し上げます。
当選の発表は、発送をもってかえさせていただきます。

愛読者カード

本のタイトル

お買い求めになった動機は何ですか？（複数回答可）

　　　1.タイトルにひかれて　　　2.デザインが気に入ったから
　　　3.内容が良さそうだから　　4.人にすすめられて
　　　5.新聞・雑誌の広告で（掲載紙誌名　　　　　　　　　　　）
　　　6.その他（　　　　　　　　　　　　　　　　　　　　　）

　　表紙　　1.良い　　　2.ふつう　　　3.良くない
　　定価　　1.安い　　　2.ふつう　　　3.高い

最近関心を持っていること、お読みになりたい本は？

本書に対するご意見・ご感想をお聞かせください

ご感想を広告等、書籍のPRに使わせていただいてもよろしいですか？

　　　1.実名で可　　　2.匿名で可　　　3.不可

牡蠣の葱みそ焼き
1210円
冬の逸品。ネギの甘み
とカキの旨みが口の中
で見事に調和する

穴子白焼き
1980円
シンプルながら、味わい
深い人気メニュー。日本
酒との相性も抜群

お造り盛り合わせ
1人前1650円〜
まずは頼みたい一品。
見た目の美しさにもうっ
とり

水晶焼（三原産地タコ）
980円

お造り盛り合せ
1420円

華やかなお造りは日替
わりの6〜7種。水晶焼
は牛肉もセレクト可

新鮮な天然鮮魚を
スタイリッシュな空間で

瀬戸内海の島・豊島などでその日獲
れた鮮魚を中心に、広島産の食材を
使って、趣向を凝らした調理法で提供
する。地酒もお手頃な価格で用意す
るほか、カウンター席にテーブル席、
個室と使い勝手がいいのもうれしい。

目利きの店主による
至極の海鮮割烹を

創業70年以上の割烹料
理店。食材は店主自ら
足を運びセレクト。繊
細なメニューの数々は、
カラスミや漬物も手作
りするなど、丁寧な仕
事が光る。地酒は広島・
中四国のものを中心に
60銘柄以上という種類
の豊富さも魅力だ。

店主イチオシの賀茂金
秀グラス 660円

[八丁堀]
いちりん
MAP P.55C-3
☎082-247-3697
所広島市中区三川町
10-12 STビル2F 時
17:00〜23:30 休日曜
交広電袋町電停から徒
歩7分 Pなし

[八丁堀]
石まつ三代目
MAP P.55C-2
☎082-241-9041
所広島市中区流川町
3-14 休日曜、祝日 交広電
胡町電停から徒歩5分
Pなし

酒肴盛り合わせ2人前
1200円〜（時価）

東洋美人 石まつスペシ
ャル グラス 800円

名物のワケ

街なかには、観光の途中にふらっと立ち寄れるカフェが点在。人気ベーカリーカフェやリバーサイドのおしゃれカフェで休憩しよう。

①

アンデルセン
モーニングプレート
1550円
パンとの相性を考えてつくられたメニュー。パンがしっかり食べられるブレッドバター付(土・日曜、祝日の7:30～10:45限定)

②

地元っ子も愛するベーカリーでモーニング

オープンから50余年を経た広島生まれの人気ベーカリーが、2020年8月にリニューアルオープン。1階ではパンを中心にワインやチーズ、デリ、フラワーなど、暮らしを彩るアイテムを販売。2階では、朝食からディナーまで自家製パンが主役のメニューを提供する。

これも
オススメ!

広島熟成どりのクラブハウスサンド1350円。具だくさんでパンはサクサク

広島本通商店街周辺

広島アンデルセン
ひろしま

MAP P.55C-2

☎082-247-2403

所広島市中区本通7-1 時11:00～21:00(20:30LO、土・日曜、祝日は7:30～)※1階ベーカリーは10:00～19:30(一部7:30～) 休不定休 交広島本通電停から徒歩2分 P提携あり

①「the Bread」は広島アンデルセンを象徴する食事パン ②広々とした2階はレストラン ③デリやワインも充実の品揃え ④1925年竣工の旧建物の面影を残した建築

⑤

③

④

京橋川を眺めながら贅沢なひとときを

オープンテラスで川を眺めながらくつろげる広島では数少ない紅茶専門店。極上の紅茶とそれに合う手作りスイーツで、心地よい時を過ごせる。日替りランチやグリーンカレーなどのフードメニューも充実。

アップルパイ
770円
青森産のリンゴがぎっしり詰まったパイは、11〜3月限定メニュー

1 晴れた日にぜひ利用したいテラス席
2 夜にはアルコールも楽しめる

食べる[カフェ]

広島駅周辺
Tea Garden Pul-Pul
ティー ガーデン プル プル

MAP P.54D-2
☎082-227-3666

所 広島市中区橋本町11 時 10:30〜19:30（季節により変更あり）休 日・月曜、祝日 交 広電銀山町電停から徒歩3分 P なし

みずみずしい果物をリーズナブルに

老舗果物店が営むフルーツカフェ。旬の新鮮なフルーツをこれでもかと使ったパフェやフルーツジュースを手頃な価格で楽しめる。テイクアウトできるフルーツサンドも人気。

宝石みたいにきらめくフルーツゼリー各648円

フルーツパフェ
1320円
季節のフルーツが10〜11種類入る。ソフトクリームはバニラとブドウのミックス

これもオススメ！

フルーツサンド486円〜にはサワークリームを使用

フルーツカフェタマル 八丁堀

MAP P.55C-2 ☎082-249-8246
所 広島市中区本通1-27 時 10:00〜18:30 休 不定休 交 広電立町電停からすぐ P なし

目にも麗しいケーキをリバーサイドで

京橋川沿いに佇む人気パティスリー。ショーケースには、職人が趣向を凝らした美しいケーキが所狭しと並ぶ。焼菓子やショコラの販売をするほか、併設のカフェスペースでイートインも可。

これもオススメ！

1 人気のカキの潮サブレ600円
2 塩チョコレート730円

ヴァニーユ
682円（手前）
アーモンド生地にバニラムースが。香ばしさとキイチゴの酸味が絶妙

ムッシムパネン 広島駅周辺

MAP P.54D-2 ☎082-246-0399
所 広島市中区銀山町1-16 時 10:00〜19:00（カフェは〜18:00LO、土・日曜、祝日は〜17:00LO）休 火曜（月2回程度、月曜または水曜不定休あり）交 広電銀山町電停から徒歩3分 P なし

ekie DINING
エキエ ダイニング

ekieの中にあるレストラン街。広島屈指の人気店や瀬戸内の食材をふんだんに使った料理を提供する店が入る。あのオタフクソースが手がけるお好み焼き体験スタジオも！

駅グルメ

名物のワケ

2018年に新しく生まれ変わった広島駅。お好み焼き店やカキ料理店、海鮮居酒屋まで広島グルメを心ゆくまで楽しめるお店が大集結！

酔心
すいしん

MAP P.84 ☎082-567-5519

創業70余年を誇る、瀬戸内を代表する老舗。看板メニューの土鍋釜飯は、注文を受けてから炊き上げる。カキやアナゴ料理などの郷土料理が自慢。時11:00〜22:00

むさし

MAP P.84 ☎082-261-0634

「広島の味」として愛される老舗の店。炊きたてご飯をふわっと握った名物のおむすびとだしが効いたうどんを味わえる。
時11:00〜20:00

ekieって？

広島駅直結の商業施設。広島銘菓はもちろん、グルメやファッションのテナントも入っている。

MAP P.54E-1
☎082-567-8011
所広島市南区松原町1-2 時10:00〜21:00※各ゾーンにより異なる 休不定休 交JR広島駅直結 Pなし

魚魚一
とといち

MAP P.84 ☎082-207-1713

瀬戸内の鮮魚を中心に、全国の漁港から直送される魚介を使った料理を楽しめる。広島の地酒と一緒にいただきたい。
時11:00〜15:00、17:00〜22:00

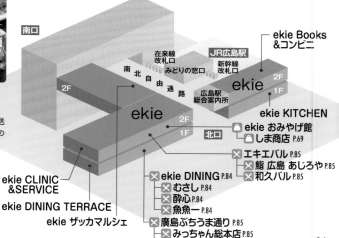

南口

南北自由通路

在来線改札口
みどりの窓口

JR広島駅
新幹線改札口

ekie Books＆コンビニ

ekie

2F
1F

2F

広島駅総合案内所

ekie KITCHEN

ekie おみやげ館
しま商店 P.69

2F
1F

北口

ekie
2F
1F

エキエバル P.85
鮨 広島 あじろや P.85
和久バル P.85

ekie CLINIC＆SERVICE

ekie DINING TERRACE

ekie ザッカマルシェ

ekie DINING P.84
むさし P.84
酔心 P.84
魚魚一 P.84

廣島ぶちうま通り P.85
みっちゃん総本店 P.85
くにまつ＋武蔵坊 P.85

エキエバル

新幹線に乗る前にちょっと一杯飲みたいときにおすすめのフロア。瀬戸内の新鮮な魚介を楽しめる寿司店やイタリアンバル、スペインバルなど、多彩なラインナップが魅力。

廣島ぶちうま通り

ekie DININGにあるご当地グルメエリア。みっちゃん総本店や麗ちゃんなどのお好み焼きの名店のほか、汁なし担々麺の人気店がコラボした店舗にも注目したい。

和久バル

MAP P.84 ☎082-236-3730

広島カキの老舗かなわの味を気軽に楽しめる日本料理バル。広島の名物料理の数々を堪能したい。

🕐11:00〜23:00

鮨 広島 あじろや

MAP P.84 ☎082-258-5858

瀬戸内で獲れた魚介を中心に、日替わりのネタを20種類以上用意する。名物の煮穴子は、ふっくらとした食感が魅力。

🕐11:00〜23:00

くにまつ+武蔵坊

MAP P.84 ☎082-262-5123

汁なし担々麺の火付け役・くにまつと自家製香辛料の風味が特徴の武蔵坊がコラボ。2店舗の味を贅沢に楽しむことができる。

🕐11:00〜22:00

みっちゃん総本店

MAP P.84 ☎082-263-2217

戦後に屋台からスタートした歴史あるお好み焼き店。行列のできる人気店の味を駅でも気軽に食べられる。

🕐11:00〜22:00

エキニシに立ち寄り！

広島駅のすぐ西側にある今一番アツい飲み屋街。イタリアンや和食、アジア料理など、多彩なジャンルの店がひしめき合う。

バルタン本店

MAP P.54D-1 ☎082-258-2337

所広島市南区大須賀町13-21 🕐18:00〜24:00（LO23:30）休不定休 交JR広島駅から徒歩5分 Pなし

サクッと揚げた牡蠣フライ1個280円はマスト

おすすめは玉櫻生もと純米改良雄町1合1058円

お酒のあてに最適！説明不要のもつ煮込み580円

広島赤焼えん 駅西本店

MAP P.54D-1 ☎082-569-8873

所広島市南区大須賀町13-19 🕐17:00〜22:00（入店〜20:30）休日曜 交JR広島駅から徒歩5分 Pなし

10席のカウンターと22席のテーブル席がある

お好み焼き846円、カキをたくさんのせたお好み焼きマシマシ牡蠣2647円

ぷりぷりの牡蠣が人気のかきバター998円

細い路地に居酒屋が所狭しと立ち並ぶ

もみじ饅頭

宮島の紅葉を模した
万人に愛される銘菓

もみじ饅頭
6個入り 750円

生もみじ
6個入り 980円

あたらしもみじ
8個入り 1250円

あたらしもみじは瀬戸の柑橘フロマージュ、瀬戸の藻塩ショコラ、大崎上島のレモンなどの変わり種が

もみじ饅頭の歴史は、明治時代に遡る。宮島・紅葉谷にある老舗旅館「岩惣」の女将が、宮島土産を作ってほしいと和菓子店に依頼したのがきっかけといわれている。当初は、もみじの葉をかたどったカステラ生地にこし餡が詰められたものが販売されていたが、次第に粒餡や抹茶餡、チーズクリームなどが出始め、餡のバリエーションが増えていった。

近年では、焼き上げた饅頭に薄い衣をつけて揚げたカリジュワ食感の「揚げもみじ」や餅生地で餡を包んだ「生もみじ」が人気を博している。

昭和26（1951）年に広島市内で創業した、にしき堂。今や、もみじ饅頭の大手ブランドとして、多彩なラインナップのもみじ饅頭を世に送り出している。広島を代表するベーカリー・アンデルセンとコラボした斬新な味わいのもみじ饅頭にも注目だ。2023年3月には、もみじ饅頭発祥の地といわれる宮島に宮島店をオープンした。

**パッケージも
かわいい**

定番のもみじ饅頭の箱には青もみじが描かれている

重厚感のあるパッケージには鹿の姿も

イマドキのポップなパッケージも人気

🛒 **購入は専門店で**

にしき堂 光町本店 広島駅周辺

MAP P.54E-1 ☎0120-979-161

所 広島市東区光町1-13-23 時 9:00〜18:00 休 無休 交 JR広島駅から徒歩5分 P 3台

多彩な品揃えが
魅力の本店

AREA
GUIDE

呉
くれ

周辺スポットからの
アクセス

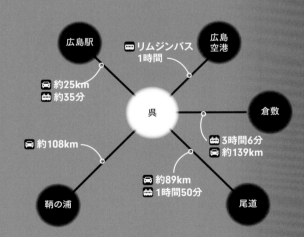

広島駅

🚌 リムジンバス
1時間

広島
空港

🚗 約25km
🚄 約35分

呉

倉敷

🚄 3時間6分
🚗 約139km

🚗 約108km

🚗 約89km
🚄 1時間50分

鞆の浦

尾道

海上自衛隊 呉基地係船掘　[呉駅周辺]
▶ P.95

呉

A / B / C

山手
二河公園
広島呉道路
呉トンネル
呉IC
裁判所前
裁判所
市立体育館
中央公園
呉市役所
呉市役所東
本通
寺本町
すこやかセンターくれ前
呉海軍墓地（長迫公園）P.97
和庄
寺迫公園
和庄町
和庄登町

呉市
東三津田町
西三津田町
呉三津田高
東愛宕町
西愛宕町
両城
三条
東川原石町
呉線
海岸
マリンパーク
川原石
クレイトンベイホテル
川原石港
築地町

今西通り
西中央
フレスタ
呉西消防署
呉共済病院
呉警察署
呉局
三条島
二河大橋
二河大橋東詰
呉駅前
クレスト
レクレ
呉駅
P.94 etSETOra（エトセトラ）
宝町
P.99 呉ハイカラ食堂
ゆめタウン呉
P.95 てつのくじら館
海事歴史科学館前
P.17,95,100 大和ミュージアム

P.98 街かど市民ギャラリー90
呉市文化ホール
蔵本通り
れんがどおり P.97
P.17,98 自由軒
呉ステーションホテル
呉駅前
呉阪急ホテル
コンフォートホテル呉
SPA SOLANI 大和温泉
海上自衛隊呉教育隊
宝橋
幸町
呉艦船めぐり P.17,94

東中央
本通
本町
中通
堺橋
堺川公園
P.98 蜜屋
八幡町
交番前
四ツ道路
めがね橋
P.17,95 海上自衛隊
呉地方総監部第1庁舎
（旧呉鎮守府庁舎）

185
呉線
竹原駅
三和町
清水ヶ丘高
呉青山高
入船山記念館 P.97
呉医療センター
中国がんセンター
呉市立美術館 P.98
入船山公園
青山町
入船山公園
市民広場
丸子谷公園
呉宮原高
地方総監部前
宮原
P.96 歴史の見える丘
子規句碑前
487
ジャパンマリン
ユナイテッド呉事業所
昭和町

呉港

P.88,95 海上自衛隊 呉基地係船堀
海上自衛隊
昭和埠頭
串山公園
船見町

潜水隊前
P.96 アレイからすこじま
貿易倉庫前
P.98 音戸の瀬戸
澎湃館 P.98
坪ノ内町

広域図 ▶ P.5
0 100 200m

呉 (くれ)

戦艦「大和」の生まれた
場所です

旧海軍の歴史を現代に伝える港町

かつて世界屈指の軍港として栄えた港町で、戦艦「大和」もここで建造された。旧海軍ゆかりのスポットが多いほか、現在は海上自衛隊呉地方隊も置かれている。また2016年に公開された映画『この世界の片隅に』で、物語の主要な舞台として呉の町並みが描かれたことでも話題。聖地巡礼も盛んだ。

呉
【エリア概要】

基点はJR呉駅

【交通案内】

徒歩
大和ミュージアム、入船山記念館など呉駅周辺のスポットは徒歩で。れんがどおりの商店街も徒歩圏内。

ループバス
呉駅発着の呉探訪ループバス「くれたん」は、駅周辺から少し離れた歴史の見える丘などに行く際に便利。

船
呉港の呉中央桟橋には、広島や松山と結ばれた船も発着している。旅のプランに合わせて利用したい。

交通ルート図:

リムジンバス		中国JRバス		呉線(快速)	
JR呉駅 ← 約1時間 1370円 ← 広島空港		JR呉駅 ← 45分 740円 ← 広島バスセンター		JR呉駅 ← 35分 510円 ← JR広島駅	

見どころも多いエリアだから…

【上手にめぐるヒント！】

2 船や電車の時間を事前にチェック
広島と呉を結ぶ電車、船の時間は事前に調べておこう。etSETOra(エトセトラ)、シーパセオなど乗り物もチェック。

1 ループバスの一日乗車券を活用
呉のループバス「くれたん」は1回160円。1日乗車券500円を購入すると割引になる施設もあるのでお得。

見どころは港沿いに集中
1 呉駅周辺 (くれえき)

BEST 絶景 📷

JR呉駅の南には呉港が広がり、大和ミュージアムをはじめとした外せないスポットが集中。JR呉駅からペデストリアンデッキが通る。

絶景ナビ

絶景ナビ	呉艦船めぐり	▶P.94
	大和ミュージアム	▶P.95
	てつのくじら館	▶P.95

名物が集まるレトロな街並み
2 れんがどおり周辺

市役所などの公共機関や、市民が利用する商店街などはJR呉駅の北側に広がる。ご当地グルメが集まるれんがどおりの散策も楽しい。

BEST 絶景 📷
絶景ナビ

絶景ナビ	入船山記念館	▶P.97
	れんがどおり	▶P.97

地図:
広島呉道路 / 今西通り / JR呉線 / 呉駅 / てつのくじら館 / 大和ミュージアム / 呉市入船山記念館 / 31 / 185 / 174 / 487 / 0 300m / N

！ご注意を

呉郊外へはループバスで
ループバスならば、歴史の見える丘など呉郊外にも行きやすい。中心街から距離があるので時間配分に注意を。

施設見学の時間配分
大和ミュージアムをはじめ、じっくり見る価値がある資料を揃える施設が多い。事前に予定を決めておこう。

このまま巡れる！歩ける！

旧海軍ゆかりの港町を
歴史にふれながら巡る満喫プラン

1日コース
公共交通機関で

絶景ナビ てつのくじら館〜大和ミュージアム〜歴史の見える丘〜
アレイからすこじま〜入船山記念館〜れんがどおり〜呉艦船めぐり

旧海軍ゆかりのスポットと、海上自衛隊関連のスポットを組み合わ
せて巡るコース。ランチは旧海軍グルメがおすすめ。

START

12:00 旧海軍・海自グルメでランチ
呉ハイカラ食堂 (くれ しょくどう)

市内の30店舗で楽しめる「呉海自カレー」は、呉のご当地グルメの代表格。呉ハイカラ食堂では、潜水艦「そうりゅう」テッパンカレーが楽しめる。

▶P.99

🚌 バスで10分

10:00 まずは呉駅の南側へ
JR呉駅 (くれえき)

JR呉線で呉駅に着いたら、ペデストリアンデッキ経由で呉港方面へ。途中にあるくれ観光情報プラザで、観光情報やパンフレット、一日乗車券を入手して。

👣 徒歩5分

13:30 これぞ呉！な景色が広がる
歴史の見える丘 (れきし み おか)

絶景ナビ

呉らしい風景が見られる場所といえば、呉港の東側に位置する歴史の見える丘。戦艦「大和」のドック跡をはじめ、呉の町の変遷を眺められる。

▶P.96

🚌 バスで5分

10:10 呉の海のことを知る
てつのくじら館 (かん)

絶景ナビ

海上自衛隊の歴史や活動を紹介する施設へ。展示棟が3階建て、潜水艦「あきしお」を使ったダイナミックな展示もあるので、時間配分に気を付けて。

▶P.95

👣 徒歩すぐ

14:00 迫力満点の艦船を間近に
アレイからすこじま

絶景ナビ

海上自衛隊呉基地の潜水艦などを間近に見られる海辺の公園。散策後は、隣接する澎湃館（→P.98）で旧海軍テイストのお土産を探すのもいい。

▶P.96

🚌 バスで15分

11:00 平和の大切さを学べる施設
大和ミュージアム (やまと)

絶景ナビ

呉で建造された戦艦「大和」に関連する展示をはじめ、貴重な資料が揃う。10分の1サイズで再現された大和は圧巻。併せて造船の町・呉の歴史も学べる。

▶P.95

👣 徒歩2分

呉の歴史と文化を語るうえで欠かせない旧海軍ゆかりのスポットと、海上自衛隊関連のスポットを一日かけて巡るコース。大和ミュージアムや入船山記念館など、旧海軍ゆかりの施設は資料のボリュームがあるので、時間配分に気を付けよう。

まずは、JR呉駅の南にある2つの博物館へ徒歩で向かおう。呉の歴史にふれたら、ランチも旧海軍グルメにするのがおすすめ。呉探訪ループバス「くれたん」で郊外〜入船山記念館を巡り、その後は中心街でお土産探し。最後に呉艦船めぐりの人気プラン・夕呉クルーズに参加すれば、大満足の一日に。

戦艦「大和」の戦没者を悼む

+1 時間

呉海軍墓地（長迫公園）
くれ かい ぐん ぼ ち　なが さこ こう えん

絶景ナビ

呉市街の北にある墓地で、周辺は公園として整備されている。映画『男たちの大和/YAMATO』のロケ地にもなった。ループバスでアクセスできる。

▶P.97

or

平清盛ゆかりの海峡

音戸の瀬戸
おん ど　せ と

本土と倉橋島の間にある海峡で、春は桜やつつじの名所としてもにぎわう。歩道橋から見る海峡は絶景。渡し船も出ているのでチェックしたい。

▶P.98

or

国内外のコレクション

呉市立美術館
くれ し りつ び じゅつかん

コレクション展、特別展ともに充実する市立美術館。呉駅から徒歩圏内でアクセスしやすい立地なので、うまくコースに組み込みたい。

▶P.98

15:00 レトロな建物と資料を見学

入船山記念館
いり ふね やま き ねん かん

絶景ナビ

ループバスで街なかに戻ったら、旧呉鎮守府の関連施設を見学。旧呉鎮守司令長官官舎や旧東郷家住宅離れなど、建物、屋内展示ともに見どころが多い。

▶P.97

👣 徒歩15分

16:00 地元人が愛する商店街

れんがどおり
絶景ナビ

地元のソウルフードや名物おやつを探すなら、呉中心街のれんがどおりへ。レンガが敷かれた商店街は散策にぴったり。

▶P.97

👣 徒歩15分

17:00 呉のサンセットビュー

（日の入り時刻によって変動）

呉艦船めぐり
くれ かん せん

絶景ナビ

呉観光の締めは、日没時刻に合わせて運航する「夕呉クルーズ」で。2日前までの完全予約制、かつ当時の天候によっても左右されるので確認を。

▶P.94

👣 徒歩5分

GOAL JR呉駅

船上からの写真撮影もOK！

船上から眺めるダイナミックな艦船の姿

105 106

1 特等席は屋上のオープンデッキ。2 1日4〜6便出航。呉基地に停船する艦船は日によって異なる

せとうちを運行する観光列車

往復ともにJR広島駅から尾道駅（呉線経由）を走る。開放感たっぷりの車窓から広がるせとうちの海と多島美を満喫できる。

etSETOra（エトセトラ）
MAP P.90B-2

時金〜月曜、祝日限定（年末年始を除く）〈往路〉JR広島駅9:32発（JR呉駅10:23発）、〈復路〉JR尾道駅14:38発（JR三原駅14:54発）運運賃（広島〜尾道2520円）※指定席グリーン券は事前に購入が必要 ※問合せは全国の主なみどりの窓口または「JRおでかけネット」で検索

絶景ナビ 1

呉艦船めぐり
（くれかんせんめぐり）
呉駅周辺
MAP P.90B-2 ☎082-251-4354

海上自衛隊OBの解説を聞きながら、呉湾内を30分かけて周遊できる。護衛艦や潜水艦などを間近に見て、自由に写真も撮影できるのも魅力。日没時刻に合わせた夕呉クルーズは2日前までの完全予約制。

所呉市宝町4-44 呉桟橋ターミナル 時定期便は10:00、11:00、13:00、14:00の1日4便（土・日曜、祝日は12:00を加えた1日5便）※夕呉クルーズは日の入り時刻の20分前に出航（完全予約制）料1500円 休火曜（祝日の場合は運航）、荒天時運休 交JR呉駅から徒歩8分 Pなし

Bestシーズン　　春・夏

2 絶景ナビ 大和ミュージアム（やまと）

MAP P.90B-2 ☎0823-25-3017

造船技術や歴史を紹介するミュージアム。戦艦「大和」の10分の1スケールモデルの展示や、零式艦上戦闘機や特殊潜航艇、人間魚雷などの実物も見られる。呉の歴史と平和の大切さを学ぼう。所呉市宝町5-20 時9:00～17:30 料入館500円 休火曜（祝日の場合は翌日）交JR呉駅から徒歩5分 P67台

「大和ひろば」には戦艦「大和」の模型が

呉港を望むように立つミュージアム

info 館内ガイドが開設
呉の歴史や戦艦大和を中心にボランティアガイドが1日2回、約1時間の展示解説ツアーを開催している。

2004年まで活躍していた潜水艦「あきしお」

3 絶景ナビ てつのくじら館（かん）

MAP P.90B-2
☎0823-21-6111

正式名称は海上自衛隊呉史料館で、海上自衛隊の活動を実物展示や映像などの資料によって紹介する。本物の潜水艦「あきしお」の内部に入れる展示も人気が高い。所呉市宝町5-32 時10:00～17:30最終入館 料入館無料 休火曜（祝日の場合は翌日）交JR呉駅から徒歩5分 Pなし

潜水艦「あきしお」を、ほぼ当時の姿で公開。艦内にも入れる

■ 海上自衛隊見学ツアー

明治40（1907）年竣工の旧呉鎮守府の庁舎。建物や防空壕跡などを見学。

海上自衛隊 呉地方総監部 第1庁舎（旧呉鎮守府庁舎）（かいじょうじえいたい くれちほうそうかんぶ だいいちちょうしゃ きゅうくれちんじゅふちょうしゃ）

MAP P.90C-2 **HP** www.mod.go.jp/msdf/kure/
（海上自衛隊 呉地方総監部 広報推進室）
所呉市幸町8-1 時毎月第1・3日曜、要事前予約（HP参照）料見学無料 交JR呉駅から広電バス阿賀音戸の瀬戸行きなどで5分、総監部前下車すぐ Pなし

海上自衛隊で任務にあたる艦艇を、現役隊員の解説で見学できる。

海上自衛隊 呉基地係船堀（かいじょうじえいたい くれきちけいせんぼり）

MAP P.90C-3 **HP** www.mod.go.jp/msdf/kure/
（海上自衛隊 呉地方総監部 広報推進室）
所呉市昭和町 時毎月第1・3日曜、要事前予約（HP参照）料見学無料 交JR呉駅から広電バス阿賀音戸の瀬戸行きなどで8分、昭和埠頭下車すぐ Pなし

軍事都市から
平和産業都市への
変貌が見える

4 絶景ナビ

呉郊外

歴史の見える丘
れきしのみえるおか

MAP P.90C-2 ☎0823-23-7845
（くれ観光情報プラザ）

戦艦「大和」が造られたドック跡や、海上自
衛隊 呉地方総監部 第1庁舎などが一望でき
る。丘の上には戦艦「大和」の記念碑も。
所呉市宮原5 時料休見学自由 交JR呉駅から広
電バス呉倉橋島線で6分、子規句碑前下車すぐ P
なし

絶景ナビ 5 アレイからすこじま

呉郊外

MAP P.90C-3 ☎0823-23-7845 （くれ観光情報プラザ）

旧呉海軍工廠の赤レンガ倉庫跡や、
魚雷積載用クレーンが残る臨海公
園。海上自衛隊呉基地に近く、園
内から艦船や潜水艦も見える。

所呉市昭和町 時休料入場自
由 交JR呉駅から広電バス呉倉
橋島線で11分、潜水隊前下車
すぐ P41台

魚雷積載用クレーンや電気部関係
建造物など、旧海軍の遺構が点在

現役の
潜水艦や艦船が
ズラリと並ぶ

絶景ナビ

6 入船山記念館
(いり ふね やま き ねん かん)

れんがどおり周辺

MAP P.90C-2 ☎0823-21-1037

国重要文化財に指定された旧呉鎮守府司令長官官舎を中心に、旧東郷家住宅離れなどの日本遺産がある。展示館では、海軍とともに歩んできた呉の歴史を見学できる。
所呉市幸町4-6 時9:00〜17:00 休火曜(祝日の場合は翌日) 料入館250円 交JR呉駅から徒歩13分 P入船山公園駐車場利用122台(1時間100円)

1 旧呉海軍工廠塔時計 2 旧呉鎮守府司令長官官舎。洋館部は英国風のハーフティンバー様式

呉 [絶景名所ナビ]

長迫公園
Nagasako Park
[Old Imperial Naval Cemetery]

7 れんがどおり

れんがどおり周辺

MAP P.90B-1 ☎なし

呉の街なかに広がるアーケード街。その名のとおりレトロなレンガで舗装され、周辺にご当地グルメや名物スイーツの店舗が集まる。
所呉市中央4 時休散策自由 交JR呉駅から徒歩10分 P市営駐車場利用

れんがどおり

8 呉海軍墓地(長迫公園)
(くれ かい ぐん ぼ ち)(なが さこ こう えん)

呉郊外

MAP P.5B-2 ☎0823-25-1362

明治23(1890)年に海軍軍人の埋葬地として開設され、戦艦「大和」の戦没者慰霊碑も。墓碑157基、合祀碑91基、英国水兵の墓1基が。平成28年4月に日本遺産に認定。
所呉市上長迫町 時休料見学自由 交JR呉駅から広電バス長の木長迫駅で11分、長迫町下車すぐ P11台

呉周辺

立ちより
ガイド

🐼 呉市立美術館
MAP P.90C-2 ☎0823-25-2007

日本瓦寄棟造りの屋根と六角タイルを貼り詰めた外観が特徴。ルノワールの絵画やブールデルのブロンズ像なども所蔵。

所呉市幸町入船山公園内 時10:00～17:00（16:30最終入館）休火曜（祝日の場合は翌平日）料展覧会により異なる 交JR呉駅から徒歩13分 Pなし

🐼 音戸の瀬戸
MAP P.5B-2 ☎0823-52-1111
（音戸市民センター）

平清盛が夕日を招き返して1日で開削した伝説が残る海峡。幅約90mの海峡に2本の音戸大橋が架かる。

所呉市警固屋～音戸町 交JR呉駅から広電バス呉倉橋線で20分、音戸渡船口から徒歩5分

🏠 蜜屋
MAP P.90C-1 ☎0823-21-3255

地元で親しまれてきた和菓子店。宮島産蜂蜜漬ドライフルーツ入りのどら焼き「乙女のひととき」3個入918円。

所呉市中通3-5-10 時9:00～18:00 休火曜 交JR呉駅から徒歩15分 Pなし

🍴 自由軒
MAP P.90C-1 ☎0823-24-7549

創業60年を超える老舗。ケチャップオムライス750円とデミオムライス850円など、昔ながらのメニューが揃う。

所呉市中通3-7-15 時11:30～14:00、17:00～20:30 休木曜 交JR呉駅から徒歩12分 Pなし

🐼 街かど市民ギャラリー90
MAP P.90B-1 ☎0823-36-3902

呉の人々の作品を扱うギャラリー。4・5階には「宇宙戦艦ヤマト」で知られる漫画家・松本零士氏の作品も。

所呉市中通3-3-17 時10:00～17:30 休火曜 料入館無料 交JR呉駅から徒歩10分 Pなし

呉のおみやげ

マリンなモチーフ
オリジナル海自マグカップ
770円
海上自衛隊の部隊マークをあしらったマグカップ。柄は6種

海軍さんの文様
旧海軍風呂敷
990円
旧海軍のシンボルマーク（錨とギザギザ波柄）の風呂敷

🏠 澎湃館

MAP P.90C-3 ☎0823-36-6800

呉海軍工廠時代の武器庫を改装。旧海軍で使用されていた品や、海上自衛隊の紋章を再現したお土産が人気。

所呉市昭和町6-6 呉貿倉庫運輸（株）内 時10:00～17:00 休不定休（SNSを確認）交JR呉駅から広電バス阿賀音戸の瀬戸行きで12分、貿易倉庫前下車すぐ P市営駐車場を利用

マークがポイント
オリジナル海自Tシャツ
990円
部隊マークが入ったTシャツ。背面にはロゴをプリント

98

名物
名品

海自・旧海軍グルメ

艦船で食べられていた伝統の味を復刻

呉で注目を集めているのが、旧海軍や海上自衛隊のメニューにちなんだ、ご当地グルメ。なかでも人気なのが、海上自衛隊とコラボした「呉海自カレー」だ。海上自衛隊・呉基地所属の艦船などで受け継がれるカレーのレシピを、市内の飲食店など全21店舗で再現している。今も海上自衛隊の多くの部隊で、曜日感覚を忘れないため毎週金曜の昼にカレーを作って食べているという。

呉海自カレーを提供する店の一つ「呉ハイカラ

食堂」のカレーは、潜水艦「そうりゅう」にちなんだもの。ビーフカレーに、クジラカツや肉じゃがといった栄養価の高いメニューも添えている。

そのほか、「自由軒（→P.98）」のように、旧海軍ゆかりのメニューを守り伝える店もある。店主が先代から継承したデミグラスを使うオムライスは、「船が割れないように」という縁起をかつぎ、グリーンピースが奇数個になっている。

潜水艦「そうりゅう」
テッパンカレー
1500円
潜水艦「そうりゅう」の艦長から認定を受けたカレー。戦艦霧島仕込みのクジラカツも付く

明治海軍式
チキンライス
1300円
明治時代のレシピを再現。骨付きの鶏モモ肉をトッピング

潜水艦の中をイメージした店内のデザインも魅力

🍴 人気店でいただきます

呉ハイカラ食堂 （くれ）（しょくどう） 呉駅周辺

MAP P.90B-2 ☎0823-32-3108
所 呉市宝町4-21 折本マリンビル3号館2階 時 11:30〜15:00 休 火曜 交 JR呉駅から徒歩4分 P 220台（1時間100円）

伝統のデミグラスをみんちかつにも活用。レトロな洋食メニュー

自由軒（→P.98）のみんちかつ
600円

海軍仕込みのスパイシーなデミグラスが決め手の名物グルメ

自由軒の戦艦大和のオムライス
（デミ、紅茶付き）
1000円

歴史

×戦艦大和

story & history

この旅をもっと知る“絶景の物語”

呉の歴史と平和の尊さを伝える戦艦大和

呉の歴史を伝える戦艦「大和」。
平和の大切さを再確認する旅に出よう。

大和ミュージアムではグッズも販売

戦艦大和はいつ、何のために造られた?

　呉は旧海軍ゆかりの港町。1886（明治19）年、海軍条例の制定によって第2海軍区鎮守府が置かれることになり、3年後には呉鎮守府が開庁。以後、第二次世界大戦まで軍港として栄えた。アメリカやイギリスの新型戦艦に対抗すべく呉港で次々に建造されるようになった軍艦のなかでも、最も有名なのが戦艦「大和」だ。戦艦「大和」は、1937（昭和12）年11月4日に呉海軍工廠で起工。第二次世界大戦中である1941（昭和16）年

戦艦「大和」の歴史

1937（昭和12）年 11月4日	呉海軍工廠で起工
1940（昭和15）年 8月8日	進水式
1941（昭和16）年 12月16日	竣工。呉鎮守府・連合艦隊に編入
1942（昭和17）年 2月12日	連合艦隊旗艦となる。5月29日 ミッドウェイ海戦参加。8月17日 ソロモン作戦支援
1943（昭和18）年	連合艦隊旗艦が「武蔵」に移る
1944（昭和19）年 10月24日	レイテ沖海戦参加
1945（昭和20）年 4月5日	沖縄海上特攻作戦決定。4月7日 九州南西坊ノ岬海面でアメリカ海軍空母艦載機と交戦ののち沈没

12月16日に竣工し、呉鎮守府・連合艦隊に編入された。全長263m、幅38.9m、高さは15階建てのビル相当と、世界最大の戦艦。46cm主砲を3基搭載するなど、当時の最先端技術を結集して極秘に建造された。現在の「歴史の見える丘」（→P.96）から、そのドック跡を眺められる。

試験航海中の戦艦「大和」

戦艦大和が参加した作戦

　1942（昭和17）年2月、戦艦「大和」は瀬戸内海の柱島を出港し、ミッドウェイ海戦に参加。このときは交戦せず帰還したが、その後ソロモン作戦の支援やマリアナ沖海戦に参加した。1944（昭和19）年10月のレイテ沖海戦や、1945（昭和20）年3月の呉軍港空襲の際も応戦。1945（昭和20）年4月6日、前夜に決定した特攻作戦で沖縄へ出撃。4月7日、九州南西坊ノ岬海面でアメリカ海軍空母艦載機の猛攻撃で沈没し、乗員3332名のうち伊藤整一第二艦隊司令長官、有賀艦長をはじめ3056名の尊い命が失われた。

現在は海の底で静かに眠る

　沈没した戦艦「大和」は、今も鹿児島県沖の海底に船体が折れた状態で沈んでいる。戦後に複数回にわたって行われた海底調査で存在が確認され、菊の紋章が残る船体のほか当時の部品なども発見された。大和ミュージアムでは当時の様子を物語る引揚品や、生存者の証言に関連する展示もある。大和と呉がたどった歴史にふれながら、平和の大切さを改めて感じよう。

戦艦「大和」の沈没地から引き揚げられた遺留品を展示することもある
大和ミュージアム ▶P.95

AREA
GUIDE

尾道

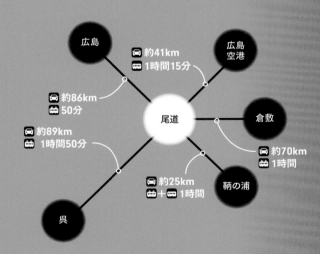

周辺スポットからの
アクセス

広島

🚗 約41km
🚆 1時間15分

広島
空港

🚗 約86km
🚆 50分

尾道

倉敷

🚗 約89km
🚆 1時間50分

🚗 約70km
🚆 1時間

🚗 約25km
🚆＋🚌 1時間

鞆の浦

呉

千光寺頂上展望台PEAK　［千光寺周辺］
▶P.111

D E F

1

かおり館

千光寺ドライブウェイ

八畳岩

御袖天満宮 ⛩

長江

363

善勝寺 卍

福善寺 卍

福山駅 ▶

千光寺公園

千光寺頂上展望台PEAK P.12,24,102,111

文学のこみち P.111,118

尾道市立美術館 P.115

山頂

P.110 千光寺

妙宣寺 卍

正授院 卍

長江口

P.110 千光寺山ロープウェイ

毘沙門堂 卍

P.112 猫の細道

艮神社 P.112

2

久保

千光寺山荘

ポンポン岩（鼓岩） P.111

P.115 尾道ゲストハウスみはらし亭

東土堂町

天寧寺 海雲塔 P.12,112

山麓

招き猫美術館in尾道

P.116 あめかんむり

P.115,118 尾道文学公園

卍天寧寺

天寧寺

2

LOG P.24

帆雨亭 P.12,111

10月のさくら P.113,116

尾道ええもんや P.113,116

2

志賀直哉旧居

山陽本線

土堂児童公園

千光寺新道 P.12,112

卍 信行寺

土堂

あくびカフェー P.115

十四日元町

清浄山光明寺 卍

宝土寺 卍

P.115 活版カムパネルラ

工房尾道帆布 P.115

吉備津彦神社 ⛩

土堂2

尾道本通り商店街 P.113

Coco by 久遠 P.113

尾道局

尾道ロイヤルホテル

住吉神社 ⛩

尾道市役所 ◎

創作ジャム工房おのみち P.116

尾道商業会議所記念館

P.117 尾道ラーメン 丸ぼし

パン屋航路 P.113

桂馬蒲鉾商店 P.116

海岸通り

7

中央桟橋

鮨と魚料理 保広 P.115

からさわ P.113

尾道渡船フェリーのりば

夕やけカフェドーナツ P.113

瀬戸内クルージング、備後商船

尾道水道

おのみち渡し船

3

尾道渡船フェリーのりば

向島

377

江郷川

D E F

104

尾道

広域図 ▶ P.123

0　50　100m

A　**B**　**C**

栗原西

栗原東

なかた美術館 ●

潮見町

1

栗原川

184

〒

〠 日小橋東詰

土堂小 ⊗

尾道市 勤労青少年ホーム ●

尾道市 勤労者体育センター ●

卍済法寺

尾道市営プール ●

卍青松寺

尾道市

● キタムラ

天満町（北）

イオン ●

● DCM

三軒家町

P.24 **千光寺公園 視点場MiTeMi**

西土堂町

🏨 尾道ビュウホテルセイザン

● エディオン

天満町

2

旧和泉家別邸 ●

元吉龍宮奥之院 卍

持光寺

山陽本線

尾道駅

東第1踏切前

アルファーワン尾道 🏨

〒

〒

福屋 ● 〒 🍜 **尾道ラーメンたに** P.115

🏨 **おやつとやまねこ** P.116

〠

② 尾道駅前

東御所町

福本渡船 ●
フェリーのりば

● しまなみ交流館

海岸通り P.113

西御所町

尾道第一ホテル 🏨

P.124 **しまなみレンタサイクル**

🏨 グリーンヒルホテル尾道

しまなみ交流館前

3

🍽 **ONOMICHI U2** P.114

● 向島行渡船のりば

福本渡船

瀬戸内クルージング

おのみち渡し船

福本渡船フェリーのりば ●

A　**B**　**C**

尾道
（おのみち）

背脂たっぷり
尾道ラーメン

海と山に囲まれた坂道の町

瀬戸内の島々を望む港町・尾道は、しまなみ海道サイクリングの起点として、全国から大勢のサイクリストが訪れる。千光寺山周辺には、映画の舞台にもなった坂道や細い路地が張り巡らされ、気ままに暮らす猫たちに出会うこともできる。昔ながらの風景が残る尾道本通り商店街では、食べ歩きや買い物を楽しもう。海沿いの商業施設・ONOMICHI U2（→P.114）では、ハイセンスなオリジナルグッズや瀬戸内産の加工食品をゲットしたい。

瀬戸内海の絶景は見たけど
【こんな楽しみ方も！】

尾道本通り商店街 & 海岸通りをぶらり

尾道駅から1.5km続く尾道本通り商店街と、これに並行して海沿いにウッドデッキが続く海岸通りでハイセンスなお土産をゲットしよう。

猫を見つけながら町を歩く

猫の町としても知られる尾道。特に千光寺山周辺の坂道や路地には、いたるところにかわいい猫たちがたくさん。土産物店や雑貨店で販売されている猫関連のグッズも要チェックだ。

リニューアルしたJR尾道駅に立ち寄る

2019年3月にリニューアル。尾道水道が一望できる展望デッキのほか、ブックラウンジやレトロな喫茶店も登場し、ますます便利に。レンタサイクルのコーナーもある。

基本は徒歩で巡る
【交通案内】

徒歩

小回りが利く徒歩での移動がベスト。千光寺へは行きはロープウェイ、帰りは徒歩がおすすめ。

バス

少し離れた場所に行くには、市内を循環するおのみちバスを利用しよう。お得な切符も要チェック。

車

瀬戸内の風景を楽しむしまなみドライブもセットで楽しむなら、駅前のレンタカーショップを利用して。

フェリー

レンタサイクルに挑戦するなら、自転車を借りてから、目当ての島までフェリーを利用して渡るのがベスト。

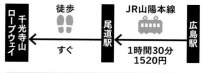

徒歩		JR山陽本線	
千光寺山ロープウェイ	尾道駅		広島駅

千光寺山ロープウェイ ← すぐ ← 尾道駅 ← 1時間30分 1520円 ← 広島駅

見どころも多いエリアだから…
【上手に巡るヒント！】

1 ONOMICHI U2は午前中に行くべし

若い女性を中心に大人気のONOMICHI U2には、瀬戸内の食材を楽しめるレストランなどもあり、ランチ時には混み合いがち。午前中なら比較的ゆっくり買い物もできるので、モーニングとセットで立ち寄ってみよう。

2 尾道本通り商店街から千光寺へ行くルートがスムーズ

標高約144mの千光寺山にある千光寺へは、ロープウェイを使って行く人が大半。山の麓にあるロープウェイ乗り場は、尾道本通り商店街のちょうど中間辺りにあるので、商店街を抜けてロープウェイに乗ろう。

3 しまなみ海道とセットで楽しもう

せっかくなら、尾道に1泊してしまなみ海道にも足をのばしたい。今治まで行かず目当ての島を2〜3島巡るだけでも、風光明媚な瀬戸内の絶景を十分堪能できる。体力に自信がある人は、自転車を借りてサイクリングするのも◎。

さらに 裏ワザ ☑ お得なフリーパスを使うべし

おのみちバスの1日乗り放題券と千光寺山ロープウェイ往復券がセットになった乗車券「おのみちフリーパス」がお得で便利。尾道市立美術館やおのみち文学の館など観光施設への入館が割引になる特典もある。

尾道の町を見守る寺院

2 千光寺周辺
せんこうじ

1200年以上の歴史をもつ古刹・千光寺。赤堂とも呼ばれる朱塗りの本堂からは尾道の町を一望できる。千光寺山の頂上辺りには展望台もあり、瀬戸内の島々まで見渡すことができる。

絶景ナビ
- 千光寺 ▶P.110
- 天寧寺 海雲塔 ▶P.112
- 文学のこみち ▶P.111

ぶらりと坂道散歩

1 千光寺山ロープウェイ・猫の細道
せんこうじやま　　　　　　　　　　ねこ　　ほそ　みち

迷路のように入り組んだ坂道に、歴史ある寺社が点在している尾道。ノスタルジックな路地や坂道でたくさんの猫に出合えるのも尾道ならではだ。カメラ片手にすてきな風景を切り取って。

BEST 絶景

絶景ナビ
- 千光寺山ロープウェイ ▶P.110
- 猫の細道 ▶P.112
- 艮神社 ▶P.112
- 千光寺新道 ▶P.112

！ご注意を

山手エリアの坂道や商店街は徒歩で

山手の坂道や商店街は車では入れない場所もあるので、近くの駐車場に車を停めて、徒歩で巡るのが賢い。

バスの本数や停留所は事前にチェック

バス停の数はあまり多くないので、事前に確認が必要。体力がある人は、町並みを楽しみながら歩くのがおすすめ。

0 — 300m

184
栗原本通り
JR山陽本線
尾道駅
ONOMICHI U2
尾道水道
363
千光寺
猫の細道
千光寺山ロープウェイ
尾道本通り商店街
海岸通り

尾道屈指のおしゃれスポット

4 ONOMICHI U2
オノミチ　ユーツー

2014年にオープンした商業施設。尾道水道に面した海運倉庫をリノベーションした建物に、レストランやカフェのほか、自転車ごと宿泊できるホテルが入る。老若男女を問わず楽しめる充実のスポットだ。

BEST 絶景

絶景ナビ ONOMICHI U2 ▶P.114

お土産を買うならココ

3 尾道本通り商店街・海岸通り
おの　みち　ほん　どお　しょう　てん　がい　　　かい　がん　どお

尾道を代表するショッピングストリート。東西に約1.5km続く商店街には、尾道メイドの逸品や尾道グルメを扱う店が軒を連ねる。海沿いの海岸通りには、流行りのおしゃれなカフェなど注目の店が集まっている。

絶景ナビ 尾道本通り商店街 ▶P.113

坂道の町・尾道をぶらり散歩

絶景ナビ **ONOMICHI U2 ～千光寺山ロープウェイ～**
千光寺～天寧寺 海雲塔～猫の細道

1日コース

公共交通機関で

海側のONOMICHI U2を出発して、ロープウェイで山側へ。瀬戸内の絶景を堪能した後は、千光寺山の古刹を巡り、散策しながら山を下りよう。

START

JR尾道駅

👣 徒歩5分

尾道ラーメン 丸ぼしからロープウェイまでは徒歩6分。丸ぼしに行かない場合は、尾道駅からロープウェイ乗り場までバスに乗るのも手。

👣 徒歩すぐ

13:30 千光寺山の麓と山頂を結ぶ
千光寺山ロープウェイ
絶景ナビ

山頂までの約3分間で、同乗するガイドさんが尾道の町や景色について説明してくれる。天気が良ければ瀬戸内の島々だけでなく四国まで見えるかも。

▶P.110

👣 徒歩すぐ

13:45 千光寺山頂上の展望台
千光寺頂上展望台PEAK

眼下には、尾道の町並みや尾道水道、対岸の向島の絶景が広がる。造船所に光が灯る夜景もおすすめ。

▶P.111

👣 徒歩5分

10:00 海運施設をおしゃれにリノベ
ONOMICHI U2

絶景ナビ

▶P.114

海沿いに立つ巨大な複合施設。一流のアートディレクターが手掛けた店内には、レストランやショップなどが入る。

トートバッグやタオルなど、ONOMICHI U2オリジナルのアイテムも要チェック

👣 徒歩19分

12:00 尾道ラーメンの名店
尾道ラーメン 丸ぼし

背脂たっぷりの醤油スープに、特製オリジナル麺が絡みつく。昼時は行列の可能性もあるので覚悟して行ってみよう。

▶P.117

街歩きナビ ⓘ

起点になるのはJR尾道駅。まずは駅からほど近いONOMICHI U2へ。瀬戸内の衣食住が揃うこの施設は、比較的空いている午前中に行くのがおすすめ。ひととおり楽しんだら、名物のラーメンを食べに。人気店は行列ができることもあるが、回転は早いのでご安心を。お腹を満たしたら、ロープウェイに乗っていざ千光寺山へ。山の頂上にある展望台付近からは、尾道水道はもちろん、しまなみ海道の島々も眺めることができる。朱塗りの舞台が印象的な千光寺や、絵に描いたような三重塔のある天寧寺を訪れたらカフェでひと休み。道中で出会う猫たちに癒されながら商店街を通ってJR尾道駅を目指そう。

15:30 カフェでのんびりひと休み
帆雨亭（はんうてい）

築150年の旧出雲屋敷を改装した喫茶店。窓側の特等席からは、お茶を飲みながら尾道の町並みや瀬戸内の風景を一望できる。

▶P.111

徒歩2分

16:30 猫好きにはたまらない!
猫の細道（ねこのほそみち） 絶景ナビ

天寧寺三重塔から大岩にかけて続く細い路地。気ままに暮らす猫たちや、丸い石に絵具で描かれた福石猫に出合える。

▶P.112

徒歩7分

17:00 商店街をぶらり散歩
尾道本通り商店街（おのみちほんどおりしょうてんがい）

尾道土産や尾道メイドの雑貨が手に入るほか、食べ歩きを楽しむのも◎。海岸通りとセットで見て回ろう。

▶P.113

GOAL JR尾道駅

展望台から千光寺まで続く約1kmの遊歩道。尾道にゆかりがある作家の言葉を刻んだ文学碑25基を見ながら歩いてみよう。

徒歩4分

14:15 尾道を代表する古刹
千光寺（せんこうじ） 絶景ナビ

▶P.110

山の斜面からせり出す舞台造の本堂からの眺めは圧巻!境内には、巨岩奇石が点在しており、歩いて回るだけでも楽しい。

徒歩4分

15:00 創建600年を超える寺院
天寧寺 海雲塔（てんねいじかいうんとう） 絶景ナビ

国の重要文化財。建立当時は五重塔だったが、改築の際に三重塔になった。春には、しだれ桜やボタンが咲き誇る。

▶P.112

徒歩2分

1 絶景ナビ

千光寺山ロープウェイ
せんこうじやま

MAP P.104E-1 ☎0848-22-4900

千光寺山の山麓と山頂を結ぶ全長365mのゴンドラ。車窓からは尾道の街並みはもちろん、千光寺の巨石群などを望む。運行中には、ガイドさんが尾道のガイドをしてくれるほか、チケット売り場では観光MAPの配布も行っている。

所尾道市長江1-3-3 時9:00〜17:15（15分毎に運行）休無休（荒天時、臨時休業あり）料片道500円、往復700円 交JR尾道駅から徒歩15分 Pなし

Bestシーズン　春・夏・秋

ゴンドラから眺める
尾道水道と瀬戸内の島々

尾道の街並みと
向こう側には、
向島も！

info ココにも注目！

くさり山

鎖を使って岩に上る修行体験もできる。奉納100円。

玉の岩

別名・烏帽子岩。岩の頂には玉が置かれ、夜になると3色に輝く。

2 絶景ナビ

千光寺
せんこうじ

MAP P.104E-1 ☎0848-23-2310

大同元（806）年創建の尾道を代表する古刹。境内に点在する「玉の岩」や「くさり山」、「鏡岩」などの巨岩奇石も名物のひとつだ。

所尾道市東土堂町15-1 時9:00〜17:00 休無休 料参拝志納 交千光寺山ロープウェイ山頂駅から徒歩5分 P千光寺公園駐車場利用

尾道の街を
見守る
歴史ある寺院

頂上展望台に登ってみよう！

尾道大橋や新尾道大橋などを眺めよう。

千光寺頂上展望台PEAK
せんこうじ ちょうじょうてんぼうだい ピーク

MAP P.104D-1 ☎0848-36-5495（尾道観光協会）

標高約144mの頂上付近にある360度の景色を望める展望台。尾道を代表する恋人の聖地。長さ約63mの展望デッキからは、尾道水道や日本遺産の街並みを大パノラマで楽しむことができる。

所尾道市東土堂町20-2 時休料散策自由 交千光寺山ロープウェイ山頂駅からすぐ Pなし

ベストビューカフェに立ち寄ってみよう

千光寺山には海を望むカフェが点在。

帆雨亭 **MAP** P.104E-2
はんうてい
☎0848-23-2105

60年前の畳や梁が残る建物を改装。窓際席がベストシート。手作りケーキセット1000円。

所尾道市東土堂町11-30 時10:00〜17:00 休不定休 交JR尾道駅から徒歩15分 Pなし

ポンポン岩を叩いてみよう

千光寺境内にて珍しい形の巨石を発見！

ポンポン岩（鼓岩）
いわ つづみいわ

MAP P.104D-2
☎0848-36-5495
（尾道観光協会）

岩の上に設置してあるトンカチで叩くと「ポンポン」と音がする。絶景バックに撮影しよう。絶景バックに撮影しよう。所尾道市東土堂町周辺 時休料散策自由 交千光寺山ロープウェイ山頂駅から徒歩5分 P千光寺山駐車場利用

info 千光寺山ロープウェイの乗り方（山麓駅乗車の場合）

3分間の空中散歩がスタート！

山麓駅で切符を購入しよう

長江口のバス停から徒歩ですぐ

3 文学のこみち
ぶんがく

千光寺周辺

MAP P.104D-1 ☎0848-36-5495（尾道観光協会）

絶景ナビ

尾道ゆかりの作家・林芙美子や志賀直哉などの文学碑が25基並ぶ全長約1kmの遊歩道。文学碑には尾道の風景などが刻まれている。

所尾道市東土堂町周辺 時休料周辺自由 交千光寺山ロープウェイ山頂駅からすぐ P千光寺公園駐車場利用

千光寺公園から千光寺に向かう途中にある

尾道を代表する
絵画のような
風景

絶景ナビ

4 天寧寺 海雲塔（てんねいじ かいうんとう）

千光寺周辺

MAP P.104E-2 ☎0848-22-2078

嘉慶2(1388)年に五重塔建立。その後損傷の激しかった上の二重を取り払い、元禄5(1692)年三重塔に。塔越しに眺める風景が美しい。所尾道市東土堂町17-29 時境内自由 交JR尾道駅から徒歩15分 Pなし

猫の細道

絶景ナビ

5 猫の細道（ねこ の ほそみち）

MAP P.104E-1·2 ☎0848-23-4169
（梟の館）

多数の福石猫がここで誕生して置かれたことから名づけられた細い路地。たくさんの猫が気ままに暮らし、猫好きの聖地とも呼ばれている。

所尾道市東土堂町 時休料散策自由 交JR尾道駅から徒歩15分 Pなし

絶景ナビ

7 千光寺新道（せんこうじ さんみち）

千光寺周辺

MAP P.104E-2 ☎0848-36-5495
（尾道観光協会）

尾道屈指のフォトスポットとして知られる石畳の階段。上から見ると、古い街並みと海、対岸を一度に眺められる絶景が広がる。ドラマや映画にもしばしば登場する。

所尾道市東土堂町周辺 時休料散策自由 交JR尾道駅から徒歩10分 Pなし

絶景ナビ

6 艮神社（うしとらじんじゃ）

猫の細道

MAP P.104E-1 ☎0848-37-3320

尾道市内最古の神社。境内のクスノキは樹齢900年で、幹の周囲は7mにも及ぶ。映画のロケ地になったことでも有名。所尾道市長江1-3-5 時休料拝観自由 交JR尾道駅から徒歩20分 Pなし

尾道を守り続ける
大きなクスノキ

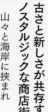

海街ならではの逸品を探して

尾道本通り商店街でお買い物

尾道らしいお土産を探すなら、街のメインストリート・尾道本通り商店街へ。 **MAP** P.104D~E-2

古さと新しさが共存するノスタルジックな商店街

山々と海岸に挟まれた東西1.2kmのレトロな商店街。地元の人々の生活を支える商店街として長きにわたり親しまれている。一方、若い女性を中心に人気を集める話題の店も。食べ歩きをしながら、お気に入りの一品を探してぶらりと散策しよう。

A 尾道ええもんや

☎0848-20-8081
所尾道市十四日元町4-2
時10:00～18:00 休不定
休 交JR尾道駅から徒歩13分 Pなし

八朔ようかん
580円

はっさくの爽やかな香りがたまらない!

因島はっさくゼリー
190円

はっさくがたっぷり入った、大人気のゼリー

B 10月のさくら

☎0848-38-7562
所尾道市土堂2-3-23 時10:00～14:00、15:00～18:00 休月・火・水曜 交JR尾道駅から徒歩12分 Pなし

尾道産苺のマドレーヌ
1個270円

木苺と尾道産レモンの砂糖掛けをした焼き菓子

尾道マカロン
1個 200円

苺・いちじくショコラ・抹茶ネーブルなど種類も豊富

C Coco by 久遠

☎0848-51-5516
所尾道市土堂1-4-17 時10:00～17:00 休木曜 交JR尾道駅から徒歩7分 Pなし

QUONテリーヌ
各248円～

ドライフルーツやナッツを詰め込んだ個性的なチョコレート

D パン屋航路

☎0848-22-8856
所尾道市土堂1-3-31 時7:00～売り切れ次第終了 休月・火曜 交JR尾道駅から徒歩6分 P2台

パン・ド・ロデヴ
1200円

石臼挽き全粒粉を使用。爽やかな酸味が特徴

ずんだペッパーチーズベーグル
360円

枝豆を練り込んだベーグル生地×北海道産クリームチーズ

E からさわ

☎0848-23-6804
所尾道市土堂1-15-19 時10:00～18:00(季節で変更あり) 休火曜(祝日の場合は翌日、10～3月は火曜と第2水曜) 交JR尾道駅から徒歩7分 P10台

コーンアイス
270円

通常の2倍容量の卵を使う、濃厚たまごアイス

アイスモナカ
170円

たまごアイスを最中皮でサンドした一番人気

F 夕やけカフェドーナツ

☎0848-22-3002
所尾道市土堂1-15-21 時10:00～17:30 休火・水曜(祝日の場合は営業) 交JR尾道駅から徒歩7分 Pなし

とうふドーナツ
150円～

ハート形のドーナツは素朴でやさしい味わい

info 海岸通りをぶらりお散歩

尾道本通り商店街に平行する散歩道。カフェやハイセンスな雑貨店が軒を連ねる。フォトスポットとしても人気。 **MAP** P.105C-3

海沿いにウッドデッキが続くおしゃれな海岸通り

N

A 尾道ええもんや

B 10月のさくら

尾道本通り商店街

海岸通り

Coco by 久遠

からさわ E

夕やけカフェドーナツ F

パン屋 D 航路

尾道駅

0 25 50m

尾道【絶景名所ナビ】

113

ハイセンスな
デザインに
心惹かれる！

ONOMICHI U2

MAP P.105A-3

絶景ナビ 8 ONOMICHI U2

☎0848-21-0550

元海運倉庫をリノベーションした、尾道水道沿いに立つスタイリッシュな複合施設。おしゃれなショップやカフェ、ホテルなどが入り、衣食住のすべてが揃う尾道の新名所。

所尾道市西御所町5-11 時休ショップにより異なる 交JR尾道駅から徒歩5分 Pなし

1 有名建築家が手掛けた、洗練されたデザイン 2 天然酵母を使用した焼きたてパンが並ぶベーカリー。一番人気はクロワッサン216円 3 夜の海を眺めながら食事も楽しめるバー 4 サイクリストにうれしい、自転車を持ったままチェックインできるホテル 5 海風を感じながら、購入したパンやドリンクをいただけるテラス席

SHIM A SHOPでは、ご当地のセレクト商品やU2オリジナル商品を販売。

限定グッズをCheck! info

備後デニムを使用したオリジナルスリッポン1万6720円〜

折りたためて、形が崩れないストローハット各1万3200円

吸収力抜群でサイクリストにも人気のタオル各1100円

白地にロゴ入りのU2ショップトートバッグ2200円

尾道文学公園
（おのみちぶんがくこうえん）
MAP P.104E-2 ☎0848-20-7514
（尾道市文化振興課）

千光寺新道の近くにある、尾道ゆかりの作家の文学碑が建つ公園。尾道水道を望む豊かな眺望景観が楽しめる。

所尾道市東土堂町8-28 時休料散策自由 交JR尾道駅から徒歩15分 ※公衆トイレあり

尾道市立美術館
（おのみちしりつびじゅつかん）
MAP P.104D-1 ☎0848-23-2281

尾道ゆかりの作品を多く所蔵する。有名建築家・安藤忠雄氏が手掛けた建物にも注目したい。

所尾道市西土堂町17-19 時9:00～17:00（入館は～16:30）休月曜（祝日の場合は開館）、臨時休業あり料展示により異なる 交千光寺山ロープウェイ山頂駅から徒歩5分 P千光寺公園駐車場利用

尾道［絶景名所ナビ］

尾道ラーメンたに
（おのみち）
MAP P.105B-3 ☎0848-23-7800

魚介や鶏ガラなどを煮込んだ醤油スープにかえし醤油を入れた奥深い味わいのラーメンが名物。尾道ラーメン770円。

所尾道市東御所町1-7 駅ビル1F 時11:00～21:00 休木曜 交JR尾道駅からすぐ Pなし

工房尾道帆布
（こうぼうおのみちはんぷ）
MAP P.104E-2 ☎0848-24-0807

瀬戸内にある向島で織られた尾道帆布を使ったバッグやポーチなどを取り扱う。トートバッグ丸1万3200円～。

所尾道市土堂2-1-16 時10:00～17:45 休木曜 交JR尾道駅から徒歩10分 Pなし

活版カムパネルラ
（かっぱん）
MAP P.104E-2 ☎0848-51-4020

木造の民家を改装した空間で、尾道モチーフの版を使って、880円～気軽に活版印刷の体験ができる。

所尾道市東土堂町11-2 時10:00～18:00 休不定休 料Aコース（所要時間約15分）880円～、Bコース（所要約1時間半）2530円～ 交JR尾道駅から徒歩10分 Pなし

あくびカフェー
MAP P.104F-2 ☎050-5420-3127

"旅と学校"がコンセプト。店内の椅子や机などは小学校で使われていたもの。しまなみカリーライスセット990円。

所尾道市土堂2-4-9 時11:00～16:30 休金曜・隔週木曜 交JR尾道駅から徒歩12分 Pなし

尾道ゲストハウスみはらし亭
（おのみち　　　　　　　　　てい）
MAP P.104E-2 ☎0848-23-3864

千光寺境内にあるゲストハウス兼カフェ。築100年以上の古民家を改装した建物からは、高台からの眺望が見事。

所尾道市東土堂町15-7 時8:00～9:30、15:00～21:30（土・日曜、祝日11:00～、月・金曜は13:00～）休不定休 交JR尾道駅から徒歩15分 Pなし

鮨と魚料理 保広
（すしとさかなりょうり　やすひろ）
MAP P.104D-3 ☎0848-22-5639

瀬戸内で獲れた魚介を使った料理を楽しめる。ランチの定番は旬魚満載のちらしずし定食1800円。

所尾道市土堂1-10-12 時11:30～14:00、17:00～21:00（20:00LO）休月曜（祝日の場合は翌日）交JR尾道駅から徒歩5分 P4台

尾道土産

喜ばれる尾道雑貨を探しに。

海街・尾道では、おいしいお土産はもちろん、
かわいい雑貨もGETしたい。

ねこ和紙イヤリング・ピアス
各3190円
作家による手作り。2階の体験教室で作ることもできる **A**

ねこ土産

街のあちこちで猫を見かける尾道は猫好きの聖地とも。

尾道手拭
770円
ネコの柄をはじめ、尾道らしいデザインがすてき **B**

猫チョコ
380円
一つ一つにネコの柄が描かれたチョコレート **B**

おこねこ尾道三景ポストカード
3枚入り 451円
ネコ好きに送りたいキュートなポストカード **A**

味土産

地元食材を使ったグルメ土産は喜ばれること間違いなし。

ジャム
1個 378円〜
素材の食感と香りが感じられる無添加ジャム **C**

柑橘土産

瀬戸内産の柑橘を使ったアイデアあふれるお土産も。

尾道産ネーブルの
パン・ド・ジェンヌ
1ホール12㎝ 1450円
アーモンド粉をたっぷり使ったしっとりケーキ。冷やしてもおいしい **F**

尾道産レモンのタルト
1個 250円
軽くトースターで焼くとサクサク食感になるタルト **F**

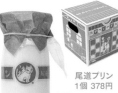

尾道プリン
1個 378円
付属のレモンソースをかけて、2度おいしい! **E**

柿天、駒焼
1個300円、1個280円
桂馬名物、干し柿の形をした柿天は一番人気 **D**

F 10月のさくら
MAP P.104F-2
☎0848-38-7562
尾道おやつコンテストグランプリ受賞のパティスリー。地元食材を使ったマカロンや焼き菓子が人気。
所 尾道市土堂2-3-23 時 10:00〜14:00、15:00〜18:00 休 月・火・水曜 交 JR尾道駅から徒歩12分 P なし

E おやつとやまねこ
MAP P.105C-3
☎0848-23-5082
瓶詰プリンが人気。ビスコッティやクッキーなども取り扱う。
所 尾道市東御所町3-1 時 11:00〜17:00(売り切れ次第終了) 休 月・火曜(祝日の場合は変更あり) 交 JR尾道駅から徒歩2分 P なし

D 桂馬蒲鉾商店
MAP P.104D-2
☎0848-25-2490
瀬戸内の魚介を原料にした化学調味料不使用の蒲鉾が評判。
所 尾道市土堂1-9-3 時 9:00〜17:00 休 水・木曜 交 JR尾道駅から徒歩5分 P 17台

C 創作ジャム工房おのみち
MAP P.104D-2
☎0848-24-9220
尾道の新鮮な果物を使った手作りのジャムを30種類以上販売。
所 尾道市土堂1-3-35 時 11:30〜17:30 休 水・木曜 交 JR尾道駅から徒歩5分 P なし

B 尾道ええもんや
MAP P.104F-2
☎0848-20-8081
おつまみ系からお菓子、雑貨まで、尾道土産ならココ。
所 尾道市十四日元町4-2 時 10:00〜18:00 休 不定休 交 JR尾道駅から徒歩13分 P なし

A あめかんむり
MAP P.104F-2
☎080-7550-5715
ロープウェイ乗り場近くにあるネコ雑貨とものづくり体験の店。猫の街での思い出を形にしよう。
所 尾道市久保1-1-17 時 10:00〜18:00 休 水・木曜 交 JR尾道駅から徒歩15分 P なし

名物
名品

尾道ラーメン

80年以上前に誕生した、尾道のソウルフード

尾道ラーメン
730円
シンプルながらもバランスの良い、大人気の逸品。驚くほど熱いスープが特徴

【こだわり】

麺
加水率と卵白の量を季節によって調整し、小麦のおいしさが引き立つ。ちぢれた麺が、濃厚なスープにしっかり絡む

スープ
小鯛と瀬戸内の小魚のだしをミックスした醤油ベースに、豚の背脂が浮き味わい深いこってりとしたスープ

尾道を代表するローカルグルメ「尾道ラーメン」。庶民の味として地元民はもちろん、観光客からも愛され、現在は福山市や三次市など広島県東部で広く食べされている。

その特徴は、なんといってもスープ表面に浮かぶ大きめの背脂だ。醤油ベースのあっさりめスープに旨みと深みをプラスする。この背脂を揚げたり、風味をつけたりと工夫を凝らす店もあるようだ。麺は、濃厚なスープの旨みをしっかりとキャッチしてくれる中太のストレートや平打ち麺がスタンダード。トッピングはいたってシンプルで、チャーシューやメンマ、ネギなどがのる。

ぼしは、歴史が浅いながらも、正統派の尾道ラーメンを食べさせてくれる。昔ながらの味を求める麺好きで、平日でも訪れる人が絶えない人気店。オリジナル麺に地元の食材から作り上げた醤油スープが絡みつく。尾道を訪れたら、この奥深いラーメンにぜひとも酔いしれたい。

海岸通り沿いにある丸

尾道ラーメン 丸ぼし

尾道本通り商店街

MAP P.104E-2 ☎0848-24-5454

所尾道市土堂2-8-16 営10:30〜20:10LO（売り切れ次第終了）休水曜 交JR尾道駅から徒歩11分 P2台

旅
×物語

風光明媚な海街と文学

数多くの文人たちが心惹かれた
文学の町・尾道

『暗夜行路』の志賀直哉や『放浪記』の林芙美子など、
多くの文人たちを魅了し続けてきた尾道とは。

志賀直哉の旧居に
隣接する尾道文学公園

　現在、尾道文学公園の北にある志賀直哉の旧居は、彼が1912年から約1年を過ごした場所だ。尾道を訪れた際、千光寺から町全体を見渡して住居を決めようと思っていたそうだが、千光寺へ向かう途中にある見晴らしの良い三軒長屋を見つけ、そこに住むことにしたそうだ。代表作『暗夜行路』も、この家で構想を練ったといわれている。文中には、尾道の町の風景をそのままカメラで切り取ったかのような描写があり、彼がどれほどこの町を気に入っていたかを読み取ることができる。

尾道を愛した
文人たちの文学碑

　千光寺山の山頂から千光寺に向かって少し下ると「文学のこみち」という遊歩道がある。この小道には、松尾芭蕉や正岡子規、志賀直哉など、尾道にゆかりのある作家たちの尾道の情景や生活をリアルに描いた俳句や小説の抜粋などを刻んだ碑がずらりと並ぶ。尾道は文人たちの心をしっかりと掴んでいたのだ。

文学碑が配された文学のこみち

映画の舞台にもなる
風光明媚な尾道

　尾道出身の映画監督・大林宣彦氏が手掛けた『転校生』『時をかける少女』『さびしんぼう』の尾道三部作をはじめ、尾道は映画の舞台としてもしばしば登場する。山と海、高低差のある土地や石畳の道など、どこを切り取っても絵になる尾道の町並み。映画にも登場した絶景を巡るのも尾道旅行の醍醐味のひとつだ。

観光地として親しまれてきた千光寺山周辺

文学のこみちは約1kmにわたり続いている

おのみちぶんがくこうえん
尾道文学公園
MAP P.104E-2 ☎0848-20-7514
（尾道市文化振興課）
所尾道市東土堂町
8-28 営休料散策
自由 交JR尾道駅
から徒歩15分
※公衆トイレあり

志賀直哉が愛した千光寺山から見た尾道の町並み※現在使用している車体とはデザインが異なる

しまなみ
海道
かい どう

周辺スポットからの
アクセス

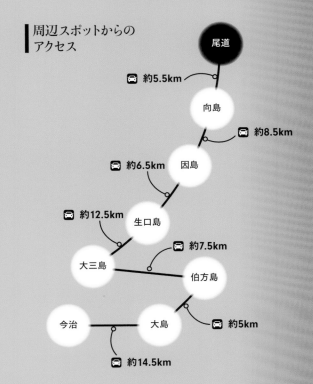

尾道

🚗 約5.5km

向島

🚗 約8.5km

🚗 約6.5km　因島

🚗 約12.5km　生口島

🚗 約7.5km

大三島

伯方島

今治　　大島

🚗 約5km

🚗 約14.5km

1 爽快なドライブが楽しめる海岸沿いのドライブコース。生口島の瀬戸田町には、ヤシの木が立ち並ぶ南国のような道にアーティスティックなオブジェが点在している(→P.130) **2** 半屋外のギャラリーで、潮風を感じながらオブジェを鑑賞できる、今治市 岩田健 母と子のミュージアム(→P.130) **3** 日本で唯一の城型資料館の「因島水軍城」(→P.134)。歴史を通して、村上海賊の歴史にふれることができる

しまなみ海道

広域図 ▶ P.4

N　　0　1.5　3km

P.104へ

A　高坂PA

広島空港
広島IC　本郷

八幡PA
三原久井
山陽自動車道
尾道

B

三次東IC
尾道自動車道
福山東IC

C

福山西
尾道Jct
西瀬戸尾道
新尾道駅
松永駅

広島県
三原市

三原バイパス
山陽新幹線
尾道バイパス
P.185
東尾道駅

広島駅
山陽道
本郷駅
沼田川

三原バイパス
道の駅
みはら神明の里
山陽本線
新尾道大橋

後藤鉱泉所 P.129

糸崎駅
三原駅

P.185
尾道駅
向島

向島 P.129

尾道市

竹原市
呉駅

大乗駅

安芸長浜駅
忠海駅

安芸幸崎駅

呉線

P.129 岩子島厳島神社
岩子島
細島

P.129,132 はっさく屋

加島

高見山展望台 P.129

須波駅

因島大橋

USHIO CHOCOLATL P.132

百島

阿波島

大久野島

佐木島

P.129
白滝山

大浜PA

横島

P.130 島ごと美術館

高根島

因島北

因島水軍城 P.122,129,134

P.133 島ごころSETODA 瀬戸田本店

P.132 瀬戸田梅月堂

P.130 平山郁夫美術館

P.14,130 耕三寺博物館（耕三寺）

生口島北

生口島

因島南

因島 P.129

大崎上島町
大崎上島

多々羅大橋

瀬戸田PA

P.130 生口島

しまなみ海道 P.128

生名島

弓削島

生口橋

P.130 大三島

道の駅しまなみの駅御島

瀬戸田南

道の駅今治市多々羅しまなみ公園

大三島

岩城島

上島町

赤穂根島　佐島

豊島

高井神島

P.130 大山祇神社

上浦PA

大三島Limone P.130,132

伯方島

伯方島 P.131

P.131,132 道の駅 伯方S・Cパーク
マリンオアシスはかた

伯方ビーチ P.131

P.122,130 今治市 岩田健
母と子のミュージアム

大三島橋
鵜島

大下島

潮流体験 P.131

大島北

今治市村上海賊ミュージアム P.131,134

P.131 大島

瀬戸内海

津島

梶島

明神島

美濃島

P.15,120 来島海峡大橋

大島南

道の駅よしうみいきいき館

亀老山展望公園 P.15,131

来島海峡SA

予讃線

今治北

波方駅

波止浜駅

317

松山駅

大西駅

今治駅

今治市

今治城

愛媛県
今治市

伊予富田駅

196

伊予西条駅へ

A　　　　　　B　　　　　　C

しまなみ海道

しまなみドライブで島時間を満喫

「しまなみ海道」の愛称で親しまれる尾道と愛媛県・今治を結ぶ全長約60kmの西瀬戸自動車道。絶景を眺めながら、向島、因島、生口島、大三島、伯方島、大島の6島を横断できるとあって、サイクリストの聖地として、近年多くのサイクリング好きが訪れている。道中には、高台から多島美を一望できる展望台のほか、美しいビーチ、瀬戸内特産の柑橘を使ったスイーツを楽しめる店などがあり、立ち寄りスポットにも注目したい。

六角形の
チョコレート

車でドライブもいいけど…
【こんな楽しみ方も！】

レンタサイクルを利用する

風を感じながら移動したい人には、レンタサイクルがおすすめ。レンタサイクルターミナルを利用すれば、途中で乗り捨ても可能なので、半日だけ利用するのも一つの手。

乗り捨てOK！
しまなみレンタサイクル

しまなみ海道に10カ所あるレンタサイクルターミナル。ターミナルにより自転車の種類や営業時間は異なる。

MAP P.105B-3 [問い合わせ先] ☎0848-22-3911（しまなみジャパン）

所尾道市東御所町地先 時7:00〜19:00（12〜2月は8:00〜18:00）料1日2000円〜＋保証料1台1100円※保証料は、貸出ターミナル、または同じ島内のターミナル（返却のみの乗り捨てポイントを除く）へ自転車を返却した場合のみ払戻し（電動アシスト、タンデム自転車は貸出ターミナルへ要返却）休無休

レンタサイクルを利用する
【交通案内】

車

基本は車での移動。尾道駅周辺でレンタカーを借りて、尾道ICから高速に乗るか、フェリーで移動して出発しよう。

レンタサイクル

尾道駅や尾道港であらかじめレンタルするのがベスト。途中まで車で移動して、島巡りの途中でのレンタルも可。

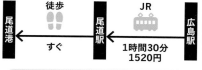

| 尾道港 | ← 徒歩 すぐ ← | 尾道駅 | ← JR 1時間30分 1520円 ← | 広島駅 |

見どころも多いエリアだから…
【上手に巡るヒント！】

1 西瀬戸道（瀬戸内しまなみ海道）を利用しよう

島々をまんべんなく訪れるなら、基本は西瀬戸道（瀬戸内しまなみ海道）で移動すべし。島間の移動時間はそこまで長くはないが、乗降するたびに高速料金がかかることを忘れずに。

2 事前に訪れるスポットを決めておこう

西瀬戸道には、片方面からしか乗降できないハーフICがあるので、あらかじめ訪れるスポットを決めて、乗降するICを確認しておこう。

3 しまなみドライブの最後はサンセットで〆る

数々の絶景スポットが点在するしまなみ海道だが、最後にぜひ立ち寄りたいのがしまなみ海道の最南端にある大島の亀老山展望公園。瀬戸内海の大パノラマをひとり占めしよう。

さらに
裏ワザ

☑フェリーを使って瀬戸内のほかの島へ

時間があれば、フェリーを使って渡れる小さな島へ。野生のウサギが暮らす大久野島には大三島からフェリーで約15分、能島村上海賊の居城跡だった能島には大島から上陸ツアーが出ている。

アートとレモンの島
3 生口島
いくちじま

国産レモンが生まれた土地として知られる。島内には、あちこちにレモンケーキやレモンのジェラートを販売する店が！アートの島としても知られているので、野外アート作品や美術館もじっくり見て回りたい。

BEST 📷 絶景

絶景 ナビ 耕三寺博物館（耕三寺）
▶ P.130

歴史スポットは必見
2 因島
いんのしま

はっさく発祥の土地として知られる島で、港町が点在し、多くのフェリーが発着する。戦国時代に活躍した海賊・村上海賊の拠点だった因島水軍城などの歴史スポットも充実している。お土産ははっさく大福が定番。

BEST 📷 絶景

絶景 ナビ 白滝山 ▶ P.129

ノスタルジックな島
1 向島
むかいしま

昭和の雰囲気を残す町並みが魅力の尾道に最も近い島。昔懐かしいリサイクル瓶を使用したジュース製造所やレトロな建物を利用したチョコレート工場なども風情たっぷりなので、ドライブ途中に立ち寄りたい。

BEST 📷 絶景

絶景 ナビ 岩子島厳島神社 ▶ P.129

[縦書き見出し]
しまなみ海道［エリア概要］

パワーをもらいに
4 大三島
おおみしま

BEST 📷 絶景

しまなみ最大の島。村上海賊も信仰していた瀬戸内屈指のパワースポット・大山祇神社があるため、別名「神の島」とも呼ばれる。瀬戸内の魚介を味わえる飲食店のほか、自然を生かしたミュージアムも必見。

絶景 ナビ 大山祇神社 ▶ P.130

塩グルメならココ
5 伯方島
はかたじま

BEST 📷 絶景

美しい砂浜が広がる伯方ビーチが名所。「伯方の塩」が有名で、ビーチ近くの道の駅では伯方の塩を使ったソフトクリームなど塩グルメが味わえる。面積は6島の中で一番コンパクトなので、回りやすいのもうれしい。

絶景 ナビ 伯方ビーチ ▶ P.131

しまなみ随一の絶景
6 大島
おおしま

BEST 📷 絶景

今治市村上水軍博物館や潮流体験など、村上海賊ゆかりのスポットが数多くある。美しい夕日を大パノラマで楽しめる亀老山展望公園は、しまなみ海道指折りのビュースポットだ。島食材を使うカフェにも立ち寄ろう。

絶景 ナビ 亀老山展望公園 ▶ P.131

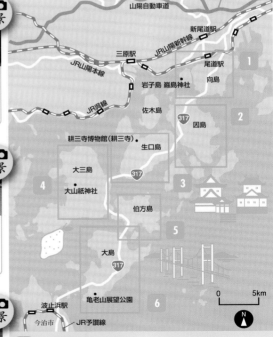

[地図内表記]
山陽自動車道
新尾道駅
JR山陽新幹線
三原駅
尾道駅
JR山陽本線
三原駅
岩子島 厳島神社
向島
1
JR呉線
佐木島
2
因島
317
耕三寺博物館（耕三寺）
生口島
3
大三島
317
大山祇神社
4
伯方島
5
大島
317
亀老山展望公園
6
波止浜駅
今治市
JR予讃線
0 5km
N

⚠ ご注意を

片方面からしか乗降できないハーフインターに注意

因島、生口島、大島の各IC、今治北ICは進行方向が制限されている。場合によっては遠回りになってしまうので、注意しよう。

船やバスは本数に限りがある

島々をつなぐフェリーやバスはあるが、本数が少ない場合があるので、事前に時刻表をチェックしておくと安心だ。

このまま巡れる！歩ける！

瀬戸内海に浮かぶ6島を
1日で満喫できるドライブプラン

絶景ナビ 白滝山〜耕三寺博物館（耕三寺）〜
大山祇神社〜伯方ビーチ〜亀老山展望公園

1日コース 車で

しまなみ海道の押さえておくべき人気スポットを1日で巡ろう。絶景スポットはもちろん、アートスポットやお土産探しもまるっと制覇！

START

尾道IC
🚗 車で10分

11:30 大理石の丘で記念撮影
耕三寺博物館（耕三寺）

絶景ナビ

▶ P.130

彫刻家・杭谷一東氏によって作られた白亜の庭園「未来心の丘」が写真映えすると注目を集める寺院へ。お気に入りの一枚を撮影しよう。

🚗 車で10分

12:00 点在するアート作品
島ごと美術館

▶ P.130

瀬戸田のあちらこちらで見られる野外アートの作品。これらはすべて、1989年から開催された「せとだビエンナーレ」の際に作られたもの。

🚗 車で25分

8:30 まずは多島美を満喫！
高見山展望台

瀬戸内海国立公園内にある標高283mの展望台で、360度の大パノラマが楽しめる。かつては村上水軍の見張り台だったとも伝えられている。

▶ P.129

🚗 車で25分

9:30 ジューシーな絶品大福を
はっさく屋

因島発祥のはっさくの実をたっぷり使ったはっさく大福は、酸味と白餡の甘みが絶妙なバランス！多いときには1日1500個売れることもあるとか。

▶ P.129

🚗 車で10分

10:00 石仏がたくさん?!
白滝山

山の中腹から山頂にかけて、さまざまな表情の石仏が約700体並ぶ。頂上からは因島大橋や瀬戸内の島々を眺めることができ、夕日のビュースポットとしても人気。

絶景ナビ

▶ P.129

🚗 車で30分

126

6島すべて回るなら、前日に尾道に宿泊しておくか、途中で1泊するのがおすすめ。尾道を出て、まず向かいたいのが、向島の高見山展望台。天気がいい日は四国連山まで一望できる絶好のビュースポットだ。次の因島では、名物のはっさく大福をGETしよう。生口島では、写真映えスポットとして近年注目を集める耕三寺はマスト。青空と真っ白なモニュメントをバックにとっておきの一枚を撮影しよう。 町なかのアート作品にも注目して。「神の島」とも呼ばれる大三島を通って、美しいビーチが印象的な伯方島へ。瀬戸内の逸品が揃う道の駅に寄って、最後は大島の亀老山公園のサンセットで締めくくろう。

15:45 道の駅で少し休憩
道の駅 伯方S・Cパーク
マリンオアシスはかた

伯方人エビーチ横の道の駅で、ショップやレストランを併設。伯方の塩を使ったラーメンや塩ソフトクリームは驚きのおいしさ。

▶ P.131

塩土産や柑橘土産が人気

🚗 車で25分

17:30 夕やけならココ
亀老山展望公園

絶景ナビ

▶ P.131

大島の南端に位置する瀬戸内の多島美を一望できるビュースポット。晴れた日には、四国にある西日本最高峰の石鎚山が見えることも。今治市街の夜景も必見！

🚗 車で20分

GOAL 今治IC

13:30 クスノキにパワーをもらいに
大山祇神社

絶景ナビ

村上海賊も海の安全を祈願していたという瀬戸内随一のパワースポットとして知られる。境内の中央に鎮座するご神木のクスノキは樹齢約2600年だといわれている。

▶ P.130

🚗 車で15分

14:30 マストバイ、レモン土産
大三島Limone

瀬戸内に来たら外せないのが柑橘土産。無農薬で柑橘を育てる農家夫婦がリキュールやジャムを販売している。古民家を改装した店舗もすてきな雰囲気。

▶ P.130

🚗 車で15分

15:00 のんびり浜辺さんぽ
伯方ビーチ

絶景ナビ

伯方島ICからすぐのビーチ。白い砂浜と立ち並ぶヤシの木が印象的。夕日が正面に沈む、サンセットポイントを見るのもおすすめ。

▶ P.131

🚗 車で2分

info レンタサイクルを利用して
瀬戸内の自然を体感しよう

しまなみ海道全体の距離は約60km。全部走ると片道5〜10時間ほどかかる。まずは一部区間を走ったり、途中で1泊しながら挑戦してみよう。

世界初の
三連吊橋が
美しい！

青い瀬戸内海に浮かぶ
大小の個性豊かな島々

1 絶景ナビ しまなみ海道

MAP P.123B-2

瀬戸内に浮かぶ個性豊かな6島を通って広島県・尾道から愛媛県・今治を結ぶしまなみ海道。青い海と美しく残る島の緑を間近に感じながらのドライブは爽快感抜群。大島と今治を結ぶ来島海峡大橋からの風景は必見だ。

Bestシーズン　　夏

見どころたっぷりの
しまなみ海道をサイクリングで巡る

しまなみ海道の広島側の玄関口・尾道からサイクリングスタート！

GOAL

島に宿泊

ビーチも満喫♪

美しいビーチで海水浴を楽しむのもおすすめ。

絶景を眺めて…

途中には瀬戸内ならではの光景も。生口島にはレモン畑が。

いざ出発！

おすすめのコースに印されたブルーラインを目印に進もう。

フェリーに乗船

ひんぱんに運航している向島行きのフェリーに乗ろう。

START

尾道土堂港

後藤鉱泉所

MAP P.123C-1 ☎0848-44-1768

昭和5(1930)年創業のジュース製造所。ドリンク各270円〜の瓶は現在製造中止しているので、現地でのみ飲める。

所尾道市向島町755-2 時8:30〜17:30 休水曜 交西瀬戸道向島ICから車で10分 P1台

高見山展望台

MAP P.123C-1 ☎0848-38-9184
(尾道市観光課)

標高283mの高見山の山頂にある展望台で、360度の眺望が楽しめる。桜や紅葉の名所としても人気を集める。

所尾道市向島町立花 時休料入場自由 交西瀬戸道向島ICから車で15分 P200台

絶景ナビ

2 向島

むかいしま

MAP P.123C-1

尾道に一番近く、昭和の雰囲気を感じられるレトロな島。手つかずの自然が残る一方、近年は古い建物を改装したショップも増加中。『男たちの大和／YAMATO』のロケ地になった岩子島厳島神社は、鳥居の先の海にまで境内が続く。

向島

岩子島厳島神社

いわしじまいつくしまじんじゃ

MAP P.123B-1 ☎0848-38-9184
(尾道市観光課)

所尾道市向島町岩子島 時休料参拝自由
交西瀬戸道向島ICから車で20分 P20台

しまなみ海道 [絶景名所ナビ]

絶景ナビ

3 因島

いんのしま

MAP P.123C-2

海上交通の拠点として多くの船が出入りする。かつては村上海賊の拠点だった。約700体もの五百羅漢が並ぶ白滝山山頂からの360度の展望は抜群。

因島

白滝山

しらたきやま

MAP P.123B-1 ☎0845-26-6111
(因島観光協会)

所尾道市因島重井町 時休料散策自由 交西瀬戸道因島北ICから車で10分、因島南ICから車で15分 P白滝フラワーライン8号目駐車場利用(20台)

はっさく屋

因島発祥のはっさくを白餡と餅で包み込んだジューシーなはっさく大福が評判。季節によってイチゴやミカンなども登場する。

▶P.132

因島水軍城

いんのしますいぐんじょう

因島村上氏が残した武具や資料などを展示している城郭型の資料館。城の麓にある金蓮寺には、村上海賊代々の墓がある。

▶P.134

島ごと美術館（しまごとびじゅつかん）

MAP P.123B-2 ☎0845-27-2210
（尾道市瀬戸田支所 しまおこし課）
瀬戸田サンセットビーチなど、島のあちこちに17の野外アート作品を展示。独創性豊かなアートと海との融合が見事。

所尾道市瀬戸田町一帯 時 休 料見学自由（一部の作品要事前連絡）交西瀬戸道生口島北IC・生口島南IC下車 P周辺駐車場利用

平山郁夫美術館（ひらやまいくおびじゅつかん）

MAP P.123B-2 ☎0845-27-3800
生口島の瀬戸田町出身として知られる日本画の巨匠・平山郁夫の作品を展示する美術館。喫茶やショップも併設。

所尾道市瀬戸田町沢200-2 時9:00〜17:00 休料入館1000円 交西瀬戸道生口島北ICから車で12分 P40台

今治市 岩田健 母と子のミュージアム（いまばりし いわたけん ははとこのミュージアム）

MAP P.123A-2 ☎0897-83-0383
「母と子」をテーマにした岩田健の彫刻作品を展示する。瀬戸内の潮風を感じる半屋外の建物は建築家・伊東豊雄の設計。

所愛媛県今治市大三島町宗方5208-2 時9:00〜17:00 休月曜 料入館310円 交西瀬戸道大三島ICから車で30分 P5台

大三島Limone（おおみしまリモーネ）

MAP P.123B-2 ☎0897-87-2131
（問い合わせ専用）
東京からIターンした夫婦が柑橘の栽培から行う。無農薬レモンで作る濃厚なリモンチェッロにファンも多い。

所愛媛県今治市上浦町瀬戸2342 時11:00〜17:00頃 休火・金曜、臨時休業あり 交西瀬戸道大三島ICから車で5分 P5台

絶景ナビ **4 生口島**（いくちじま）
MAP P.123B-2

多くの有名画家を生んだアートの島。まるでギリシャにいるかのような白亜の大理石が印象的な「未来心の丘」は、耕三寺博物館（耕三寺）にあるアートな庭園。頂上に上ると、青い海と瀬戸内の島々の絶景が。

生口島

耕三寺博物館（耕三寺）（こうさんじはくぶつかん（こうさんじ））

MAP P.123B-2 ☎0845-27-0800
所尾道市瀬戸田町瀬戸田553-2 時9:00〜17:00 休無休 料入館1400円 交西瀬戸道生口島北IC・生口島南ICから車で10分 P40台

絶景ナビ **5 大三島**（おおみしま）
MAP P.123A-2

6島の中で最も大きい、別名「神の島」。多くの国宝を有する大山祇神社やサイクリストの聖地・多々羅など見どころが多い。全国に1万社ほどの分社をもつ大山祇神社の中央にあるご神木のクスノキは、なんと樹齢約2600年。

大三島

大山祇神社（おおやまづみじんじゃ）

MAP P.123A-2 ☎0897-82-0032
所愛媛県今治市大三島町宮浦3327 時早朝〜17:00（宝物館は8:30〜16:30最終入館）休無休 料拝観自由（宝物館は入館1000円）交西瀬戸道大三島ICから車で15分 P周辺駐車場利用

6 伯方島
絶景ナビ
（はかたじま）
MAP P.123B-2

「伯方の塩」発祥の島。真っ白な人工ビーチ・伯方ビーチやイルカとふれ合えるドルフィンファームなどレジャースポットが充実。伯方ビーチは西向きなので、夕方に訪れると、真正面にサンセットを見ることができる。

伯方ビーチ
伯方島
（はかた）
MAP P.123B-2 ☎0897-72-1500
（今治市役所伯方支所 住民サービス課）
所愛媛県今治市伯方町叶浦甲1668-1 時 料入場自由 交西瀬戸道伯方島ICから車ですぐ P180台

7 大島
絶景ナビ
（おおしま）
MAP P.123B-3

村上海賊の一族・能島村上氏の本拠地だった今治の対岸にある島。標高307.8mの亀老山にある展望公園は、瀬戸内海国立公園の一部。建築家・隈研吾氏が設計したパノラマ展望台ブリッジからは四国山脈も見える。

亀老山展望公園
大島
（きろうさんてんぼうこうえん）
MAP P.123A-3 ☎0897-84-2111
（今治市吉海支所）
所愛媛県今治市吉海町南浦487-4 時 休 料入場自由 交西瀬戸道大島北ICから車で15分、大島南ICから車で10分 P18台

しまなみ海道 ［絶景名所ナビ］

🚗 道の駅 伯方S・Cパーク マリンオアシスはかた
（みちえきはかたエスシー）
MAP P.123B-2 ☎0897-72-3300

伯方の塩を使ったラーメンやソフトクリームが大人気。塩を使ったお土産も忘れずに。
所愛媛県今治市伯方町叶浦甲1668-1 時 9:00～17:00（レストランは11:00～14:00）休無休（12月1日～3月15日は火曜）交西瀬戸道伯方島ICから車ですぐ P321台

1 オリジナルの柑橘ジュレ4個セット 2 鯛めしを伊予和紙の掛紙を巻いて販売

🐬 潮流体験
（ちょうりゅうたいけん）
MAP P.123B-3 ☎0897-86-3323

村上海賊が活躍していた時代と同じ潮流を体感できるスリル満点のクルージング。海軍の居城・能島などを巡る。
所愛媛県今治市宮窪町宮窪1293-2（村上海賊ミュージアム前）時 9:00～16:00（最終受付）※運航は2名～。10名以上は要予約 休月曜（祝日の場合は翌日）料乗船1500円 交西瀬戸大橋北ICから車で6分、大島南ICから車で16分 P50台

🏴 今治市村上海賊ミュージアム
（いまばりしむらかみかいぞく）

能島村上氏伝来の貴重な資料や出土品を収蔵。屋外展示では、海賊が使用していた小型船を復元した小早船も。
▶P.134

爽やかな
柑橘おやつを
探しに。

しまなみ海道土産

瀬戸内の温暖な気候で育てられた
柑橘を使ったスイーツをはじめとする
見た目もかわいい胸キュンスイーツが勢揃い。

柑橘王国

レモン

瀬戸内名物のレモン。洋菓子から
お酒までハイレベルなものばかり!

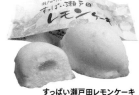

すっぱい瀬戸田レモンケーキ
1個 200円
中には瀬戸田レモンの
果汁ジュレが **B**

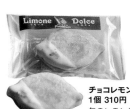

チョコレモンクッキー
1個 310円
旬のレモンジャムがたっぷりのサンドクッキー **A**

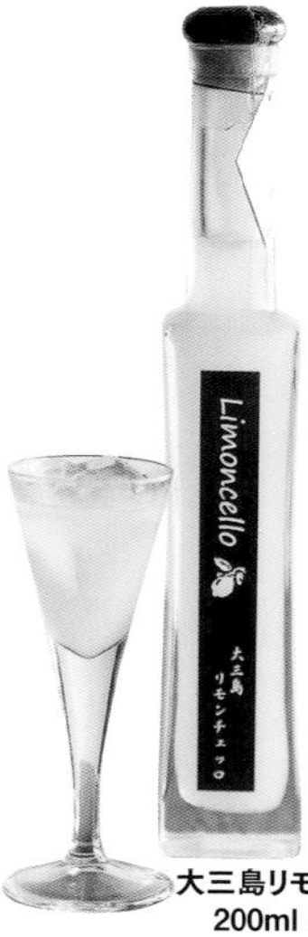

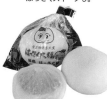

大三島リモンチェッロ
200ml 2100円
四季それぞれのレモンの香りと味わいを楽しんで **A**

あまくさ

新品種のあまくさ(天草)を
使ったジャムやシロップに注目!

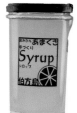

←あまくさシロップ
800円
↓あまくさじゃむ
660円
化学農薬不使用で育てたあまくさや地元果物を使用し、香料・着色料は一切使わず手作りされている **C**

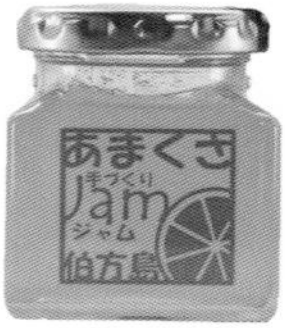

はっさく

因島で生まれたジューシーな
はっさくスイーツも。

はっさく大福
1個 200円
はっさくの実と白餡が
絶妙なバランスの大福
D

これもCHECK!

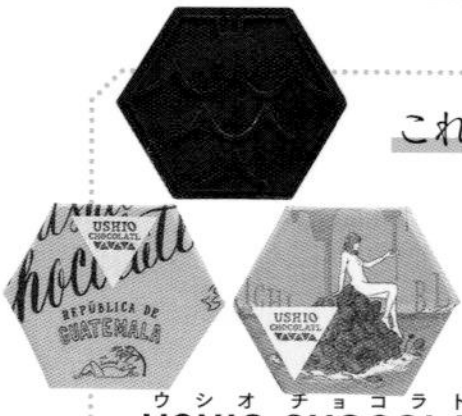

チョコレート
864円〜
産地の個性を生かすため原料はカカオと砂糖のみ

USHIO CHOCOLATL(ウシオチョコラトル)
MAP P.123C-1 ☎0848-36-6408
所尾道市向島町立花2200 自然活用村2F 時10:00〜17:00(ドリンクは16:30LO) 休火・水曜 交西瀬戸道向島ICから車で10分 P20台

A 大三島Limone(おおみしまリモーネ)

MAP P.123B-2 ☎0897-87-2131(問い合わせ専用)

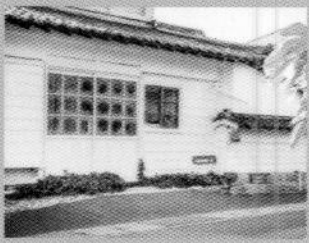

所愛媛県今治市上浦町瀬戸2342 時11:00〜17:00頃 休火・金曜、臨時休業あり 交西瀬戸道大三島ICから車で5分 P5台

B 瀬戸田梅月堂(せとだばいげつどう)

MAP P.123B-2 ☎0845-27-0132

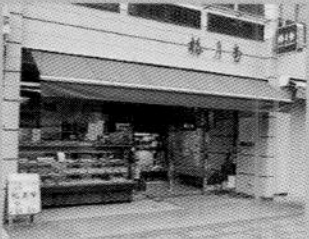

所尾道市瀬戸田町瀬戸田546 時8:30〜18:00 休木曜(祝日の場合は営業) 交西瀬戸道生口島北IC・生口島南ICから車で10分 P6台

C 道の駅 伯方S・Cパーク マリンオアシスはかた(みちのえき はかたエスシー)

MAP P.123B-2 ☎0897-72-3300

所愛媛県今治市伯方町叶浦甲1668-1 時9:00〜17:00(レストランは11:00〜14:00) 休無休(12月1日〜3月15日は火曜) 交西瀬戸道伯方島ICから車ですぐ P321台

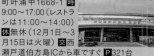

D はっさく屋(や)

MAP P.123C-1 ☎0845-24-0715

所尾道市大浜町246-1 時8:30〜売切れ次第終了 休月・火曜(月曜が祝日の場合は火・水曜休) 交西瀬戸道因島北ICから車で10分 P30台

瀬戸内広島レモン

太陽の恵みを受けた生口島発祥の柑橘

広島にレモンがやってきたのは、明治31（1898）年。和歌山県から購入したネーブルの苗木に、レモンの苗木が混入していたのが始まりだった。平均気温が15℃と温暖で、降水量が少ないうえに、台風が少なく、風の影響を受けにくい。雨と風に弱いレモンの栽培に、瀬戸内は最適な土地だった。

尾道、呉などを中心に栽培されている広島産レモンの生産量は、国産レモンの6割を占める。特に生口島の瀬戸田町は、県内一の出荷量を誇る。瀬戸田のレモンは酸味の中に奥深い旨みがあるのが特徴だ。また、防腐剤を一切使用していないため、皮まで安心して食べられる。

島ごころSETODAの看板商品・レモンケーキは、自家製レモンジャムを作るところから始まる。すべて手作業で果皮を切り取り、アク抜きを行った後、砂糖だけを加えてゆっくりと煮込んでいく。これがあって初めて、果皮がたっぷり練り込まれた酸味と甘みが絶妙なレモンケーキが出来上がるのだ。

レモンケーキ
1個 250円
レモンの爽やかな香りを楽しんでほしいとホワイトチョコレートのコーティングはあえてしない

れもん饅頭
1個 200円
中にはレモンコンフィと果汁を贅沢に使った餡がたっぷり

レモンジャム
140g 1080円
レモンの果肉部分だけを使用。果肉の酸味とエグみが絶妙

🛒 購入は専門店で　【生口島】

島ごころSETODA 瀬戸田本店

MAP P.123B-2　☎0845-27-0353

所尾道市瀬戸田町沢209-32　開10:00〜18:00　休無休　交西瀬戸道生口島北ICから車で10分　P30台

1　果皮を切り取る
レモンの香り成分を逃がさないよう手作業で果皮を切り取る

2　煮詰める
アク抜きの後、砂糖を加えてじっくり1時間煮込む

3　焼き上げる
ジャムを小麦粉やバターと混ぜ合わせて焼き上げたら完成！

歴史
×物語

この旅をもっと知る"絶景の物語"

瀬戸内の美しい海を守った
日本最大の海賊・村上海賊

『日本史』を記した宣教師ルイス・フロイスに
「日本最大の海賊」といわしめた村上海賊とは？

地の利を生かして
瀬戸内を支配

　戦国時代に活躍した日本最大の海賊・村上海賊の本拠地は、激しい潮流が襲いかかる海の難所として知られる芸予諸島。因島、能島、来島を本拠としていた村上姓の三家は、それぞれ本州側、四国側、芸予諸島中央の航路を押さえていた。そのため、海賊として海の戦いに備えるだけでなく、瀬戸内の東西交通を支え、次第に芸予諸島の全域に影響を及ぼす一大勢力となっていった。

村上海賊の財源は
通行料

　村上海賊の資金源になったのが、通行料である。「過所船旗（かしょせんき）」と呼ばれる通行許可証を通過する船や商人に渡し、瀬戸内航海の安全を保障する代わりに、その対価として通行料を徴収していたのだった。

村上海賊の中でも力をもっていた能島村上氏の本拠地・能島城跡

さまざまな顔をもつ
多才な村上海賊

　村上海賊は、瀬戸内の守り人としての役割のほか、島々を物流の拠点として国内外の高級な陶磁器の流通を手掛けたり、漁業にも携わっていた。また、彼らは高い教養をもつ文化人でもあった。

今治市村上海賊ミュージアム
MAP P.123B-3 ☎0897-74-1065
所愛媛県今治市宮窪町宮窪1285 時9:00～17:00 休月曜（祝日の場合は翌平日）料常設展 観覧310円 交西瀬戸道大島北ICから車で6分、大島南ICから車で16分 P50台

瀬戸内に点在する
村上海賊ゆかりの地

　瀬戸内の海賊の信仰を集めた大三島の大山祇神社（→P.130）は、今もなおパワースポットとして高い人気を集める。因島水軍城や今治市村上海賊ミュージアムでは、村上海賊の活躍を展示品から知ることができる。

因島水軍城（いんのしますいぐんじょう）
MAP P.123B-2 ☎0845-24-0936
所尾道市因島中庄町3228-2 時9:30～16:30 休木曜（祝日の場合は営業）料入館330円 交西瀬戸道因島北ICから車で5分、因島南ICから車で10分 P50台

鞆の浦

<ruby>鞆<rt>とも</rt></ruby>の<ruby>浦<rt>うら</rt></ruby>

周辺スポットからの アクセス

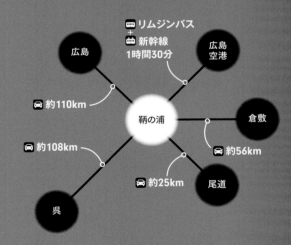

リムジンバス
＋
新幹線
1時間30分

広島

広島
空港

倉敷

鞆の浦

約110km

約108km

約56km

約25km

尾道

呉

鞆の浦

N 広域図 ▶ 下図
0 50 100m

1

福山市街 ↗

原漁港

卍釈迦堂
卍安国寺
ホテル鴎風亭 🏨
卍正法寺
シキビ岩

卍慈徳院
卍本願寺 善行寺卍 ⛩小鳥神社
卍大観寺

渡守神社⛩
P.146 沼名前神社 📷 ⛩沼名前神社
能舞台

🏛 鞆の浦観光情報センター P.146

小松寺卍
静観寺卍 鞆の津ミュージアム 📷📷
顕政寺 P.145,146

鞆の浦 ⛩
鞆バスセンター前

福山市
鞆町後地
⊗鞆小
卍法宣寺
鞆中央公園
鞆町鞆
景勝館 🏨
P.145 龍馬の隠れ部屋 桝屋清右衛門宅 📷

早毛利神社⛩
南禅坊卍 鞆城跡・
鞆城山公園
福山市鞆の浦歴史民俗資料館 P.146
阿弥陀寺卍
地蔵院卍 ⛩稲荷神社
🏠 NIPPONIA 鞆 港町

明圓寺卍
鞆町町並み保存拠点施設 鞆てらす

2

🏛 医王寺 P.13,144
P.147 岡本亀太郎本店 🏠
P.146 けんちゃんのいりこ屋
P.148 御舟宿いろは 📷
浄泉寺卍
弁天島
弁財天福寿堂卍

胡神社⛩ P.148
渡守神社⛩ いろは丸展示館 📷
🏠 太田家住宅 P.13,142
🏛 對潮楼（福禅寺）P.145

P.13,143 鞆の浦 a cafe 📷
🏛 常夜燈 P.13,136,143
鞆港 ⚓
平成いろは丸 P.148

🏛 汀邸 遠音近音

瀬戸内クルーズ

圓福寺（大可島城跡）卍

鞆の浦

鞆港フェリー発着所・
⛩穴葉神社

鞆港

47
⛩日之出神明宮

鞆港汽船

鞆の浦広域図

N 広域図 ▶ P.4
0 250 500m

22 **福山市**

赤岬
卍安国寺
⛩沼名前神社
中弥山▲
京ケ岬
鞆城跡・
大弥山▲
福禅寺 對潮楼卍
47
圓福寺卍

🏛 仙酔島 P.146

3

⛩淀媛神社

皇后島

下加美島
鳥ノ口展望台・
つつじ島

鳥ノ口岬

左上

⛩玉津島神社
玉津島

B C **鞆の浦**

シンボルは常夜燈！

古代からにぎわう「潮待ちの港」を散歩

福山市の南方に位置する鞆の浦は、万葉の時代から港として栄えた地。船が出港に適する潮を待った「潮待ちの港」として賑わい、江戸時代の交流使節団である朝鮮通信使や、幕末の志士・坂本龍馬ともゆかりが深い。また近年は、アニメ界の巨匠・宮崎駿氏が逗留したことでも知られ、ファンの注目を集めている。

見どころはコンパクト

【交通案内】

徒歩

バス停鞆の浦や鞆港を起点にすれば、主要なスポットはほぼ徒歩圏内。常夜燈や太田家住宅周辺は車両通行NGの道も。

バス

JR福山駅から鞆の浦への移動は、トモテツバスで約30分。主要観光スポットはバス停鞆の浦、鞆港周辺に集まる。

船

仙酔島に行くには、市営渡船場から出航している福山市営渡船の「平成いろは丸」で約5分。

バス停鞆の浦・鞆港	← 40分	国道182号、県道22号 🚗	福山東IC	← 1時間10分	山陽自動車道 🚗	広島IC	← 20分 国道54号 🚗	JR広島駅

トモテツバス（鞆の浦行きまたは鞆港行き）
約30分　530円　JR福山駅

見どころも多いエリアだから…

【上手に巡るヒント！】

2 コンパクトだけど歩きやすい靴で

半日あれば回りきれるが、医王寺や福山市鞆の浦歴史民俗資料館のように高台の施設もあり、歩きやすい靴が◎。

1 アクセスの基点はJR福山駅に設定

鞆の浦に行くには、JR福山駅からスタートしてバスで向かうのがスムーズ。車の場合、尾道とセットで計画するのも手。

港町とアートの融合　BEST 📷 絶景

1 鞆の浦（とも うら）

鞆の浦のシンボル・常夜燈や古民家リノベカフェなどがあるエリア。太田家住宅周辺には、昔ながらの蔵や町家が並び、穏やかな時が流れる。

絶景ナビ　龍馬の隠れ部屋　桝屋清右衛門宅 ▶P.145
鞆の津ミュージアム ▶P.145

絶景ナビ

鞆の浦から船で5分の島　BEST 📷 絶景

2 仙酔島（せん すい しま）

鞆の浦から船ですぐの場所にある島で、船を使えば入島自由。仙人も酔うほどの美しい島とされ、五色岩などのパワースポットもある。

絶景ナビ　仙酔島 ▶P.146

絶景ナビ

0　300m　N

251　22

医王寺　鞆の浦　福禅寺対潮楼　鞆公園　仙酔島
常夜燈　弁天島
鞆港　皇后島
47　2

❗ご注意を

駐車場は数カ所
鞆の浦の各施設には駐車場がないのが基本。バス停鞆の浦周辺に数カ所あるので、車利用の場合そこからは徒歩で散策しよう。

お土産は最後に
保命酒などの瓶ものもあるので、お土産は最後に買おう。バス停近くの鞆の浦観光情報センターにも店が集まっている。

万葉の時代から栄えた港町
鞆の浦でノスタルジック散歩プラン

絶景ナビ 對潮楼（福禅寺）〜常夜燈〜太田家住宅〜医王寺〜
岡本亀太郎本店〜鞆の津ミュージアム

1日コース
公共交通機関で

港町の情緒が漂う鞆の浦をのんびり散策するコース。のどかな風景に癒されながら、坂本龍馬や保命酒の歴史にふれよう。

START
バス停鞆港（ともこう）
↓ 徒歩約5分

10:00 絵画のような絶景
對潮楼（福禅寺）（たいちょうろう　ふくぜんじ）

バス停鞆港で下車したら、すぐそばの高台にある福禅寺へ。客殿にあたる對潮楼から、鞆の浦の景色を眺めよう。仙酔島などの島々が織りなす絶景が広がる。

絶景ナビ
▶P.145

↓ 徒歩5分

11:00 町家宿でランチ
御舟宿いろは（おんふなやど）

ランチは、鞆の浦の鯛を使った鯛茶漬が名物の町家宿へ。坂本龍馬ゆかりの旧魚屋萬蔵宅を再生・活用した建物が魅力。

▶P.148

↓ 徒歩すぐ

12:30 港を守るシンボル的存在
常夜燈（じょうやとう）

ランチのあとは、鞆の浦のシンボルとして親しまれている常夜燈を見に行こう。海を背景に常夜燈や雁木をセットで記念撮影するのがおすすめ。

絶景ナビ
▶P.143

↓ 徒歩すぐ

13:00 いろは丸と龍馬の資料館
いろは丸展示館（まるてんじかん）

常夜燈のすぐそばの展示館では、ダイナミックなジオラマや引揚品も使い、いろは丸事件をわかりやすく紹介。土蔵を使った館内も味がある。

▶P.148

↓ 徒歩すぐ

13:30 鞆の浦が誇る町家建築
太田家住宅（おおたけじゅうたく）

鞆の浦の町並みのなかでもマストで見学したいのが、中心部にある太田家住宅。鞆の浦の名産・保命酒の蔵元であった住宅をじっくり見よう。

絶景ナビ
▶P.142

↓ 徒歩10分

14:00 高台から鞆の浦を一望
医王寺（いおうじ）

中心街の散策のあとは、少し山手にある医王寺へ。坂道を登るので歩きやすい靴で行こう。本堂周辺や、さらに上の太子殿から絶景が楽しめる。

絶景ナビ
▶P.144

↓ 徒歩10分

鞆の浦は、古くから瀬戸内航路の潮待ち港として栄えた地。常夜燈が見守るのどかな海辺の風景や、古民家が連なるレトロな街並みが魅力的だ。バス停鞆の浦や鞆の港を起点にすれば主要な観光スポットは徒歩で行けるが、仙酔島や阿伏兎観音（→P.146）方面へ行く場合は時間配分に気を付けよう。

まずはバス停鞆港からすぐの對潮楼（福禅寺）へ。御舟宿いろはでランチを楽しんだら、鞆の浦のシンボル・常夜燈周辺の観光をしよう。太田家住宅などがある街並みを散策し、山手の医王寺にも足をのばしたら、バス停鞆の浦方面へ。お土産探しも忘れずに。

平成のいろは丸で島へ
仙酔島
せんすいじま

+2時間

少し時間に余裕がある場合は、渡船場から船で5分の仙酔島へ。瀬戸内海国立公園ならではの自然が残る。

▶ P.146

or

鞆の浦の祭りの舞台
沼名前神社
ぬなくまじんじゃ

+1時間

鞆の津ミュージアムから山手の方向に立つ沼名前神社は、季節の行事も多い神社。かつて京都の伏見城にあったという能舞台も見事。

▶ P.146

or

地元で信仰されるお寺
阿伏兎観音（磐台寺観音堂）
あぶとかんのん　ばんだいじかんのんどう

+1時間

朱塗りの観音堂が見事な阿伏兎観音は、航海安全や子授け・安産にご利益があると伝わる。鞆の浦中心部から、車かバスで10分ほど。

▶ P.146

14:30 保命酒の蔵元へ
岡本亀太郎本店
おかもとかめたろうほんてん

江戸時代から鞆の浦の特産品として親しまれている保命酒の蔵元へ。古い街並みのなかにある、風格たっぷりの建物でお気に入りを探そう。

▶ P.147

👣 徒歩10分

15:00 鞆の浦土産が集合
鞆の浦観光情報センター
うらかんこうじょうほう

バス停鞆の浦のすぐそばにあるセンターは、観光情報集めのほか、土産探しでも活躍。保命酒や銘菓など、鞆の浦ならではのアイテムが。

▶ P.146

👣 徒歩3分

15:30 港町×アートを楽しむ
鞆の津ミュージアム
とも

絶景ナビ

観光の締めにおすすめなのが、アートスポット。鞆の津ミュージアム。ユニークな企画展を開催しているので、遠方から来るファンも多い。

▶ P.145

👣 徒歩3分

GOAL バス停鞆の浦

潮待ちの港を見守る
ランドマーク

2 絶景ナビ

鞆の浦

太田家住宅
（おおたけじゅうたく）

MAP P.138B-2 ☎084-982-3553

江戸時代に鞆の浦で隆盛した保命酒（→P.147）の蔵元・中村家の住宅であった建物。主屋や醸造蔵など9棟からなり、鞆の浦の伝統的な商家建築を今に伝える。国の重要文化財。

所福山市鞆町鞆842 時10:00〜17:00（入館は〜16:30）休火曜（祝日の場合は翌日）料400円 交バス停鞆港から徒歩3分 Pなし

142

絶景ナビ **1**

鞆の浦

常夜燈 (じょうやとう)

MAP P.138B-2 ☎084-928-1043 (福山市観光課)

安政6（1859）年に、航海安全の願いを込めて建造された。海中の基礎から頂点までの高さが11mという、港に現存する江戸時代のものとしては日本最大級の高さを誇る。

所 福山市鞆町鞆
時 料 休 散策自由
交 バス停鞆港から徒歩3分 P なし

Bestシーズン　春・夏

側面には
金昆羅大権現の
石額を掲げる

鞆の浦 [絶景名所ナビ]

info 常夜燈ポスト

昔ながらの形の「常夜燈ポスト」。店内で販売しているオリジナルはがきでたよりを出す人も。

1 築約150年の長屋を改装。開放的なテラス席もある　2 瀬戸内レモンスカッシュ600円

絶景ナビ **3**

鞆の浦

鞆の浦 a cafe (ともうらアカフェ)

MAP P.138B-2 ☎084-982-0131

常夜燈そばの古民家を改装したカフェ。自家農園で育てたオーガニック食材や瀬戸内の特産を使ったフード・スイーツが充実。三軒隣の姉妹店・鞆一商店の牡蠣せんべいもおすすめ。

所 福山市鞆町鞆844-2 時 11:00〜17:00
休 水曜（祝日の場合は翌日）交 バス停鞆港から徒歩3分 P なし

Bestシーズン　夏

1

2

絶景ナビ 4 医王寺（いおうじ）

MAP P.138A-2 ☎084-982-3076

天長3（826）年、弘法大師が開いたという真言宗の寺院で、本堂には木造薬師如来立像を安置。本堂や太子殿周辺から鞆の浦を一望。

所 福山市鞆町後地1396　時 休　料 境内自由　交 バス停鞆港から徒歩10分　P なし

Best シーズン　　　夏

1 鞆の浦の町から山手に上った場所にある 2 本堂周辺には鐘楼や御影堂などがある

仙酔島や弁天島が織りなす、絵画のような景色を眺められる

絶景ナビ

絶景ナビ 5 對潮楼（福禅寺）
鞆の浦

MAP P.138B-2 ☎084-982-2705

空也上人が建立したという福禅寺の客殿。江戸時代に朝鮮通信使の宿泊にも使われ、残された史料はユネスコ世界記憶遺産に登録されている。景色は「日東第一形勝」と称賛された。

所福山市鞆町鞆2 時9:00～17:00 休無休 料拝観200円 交バス停鞆港から徒歩5分 Pなし

| Bestシーズン | 夏 |

鞆の浦 [絶景名所ナビ]

info 鞆の浦の町家

江戸時代以降の町並みが残る。本瓦葺きの屋根、隣家と異なる高さの屋根、出格子窓などに注目。

絶景ナビ 7 龍馬の隠れ部屋 桝屋清右衛門宅
鞆の浦

MAP P.138C-2

☎084-982-3788

元廻船問屋の建物で、往時の調度品を展示するほか、「いろは丸事件（→P.148）」の際に坂本龍馬が隠れ潜んだ屋根裏部屋を公開。

所福山市鞆町鞆422 時9:00～16:30 休火～木曜（祝日の場合は開館）料入館200円 交バス停鞆の浦からすぐ Pなし

絶景ナビ 6 鞆の津ミュージアム
鞆の浦

MAP P.138B-1 ☎084-970-5380

築150年の蔵を再生した美術館。アウトサイダー・アートを中心に、独創的な企画展を開催する。ミュージアムグッズにも注目を。

所福山市鞆町鞆271-1 時10:00～17:00 休月・火曜（企画準備の休館あり）※要問合せ 料入館無料 交バス停鞆の浦から徒歩3分 Pなし

自主企画展や展覧会を随時開催し、遠方から通うファンも多い

沼名前神社
（ぬなくま　まえ　じんじゃ）
MAP P.138A-1 ☎084-982-2050

大綿津見命と須佐之男命を祀り、鞆祇園宮とも呼ばれる。2月のお弓神事や、7月のお手火神事が有名。

所 福山市鞆町後地1225 時 休 料 拝観自由 交 バス停鞆の浦から徒歩10分 P なし

仙酔島
（せん すい じま）
MAP P.138C-3 ☎084-928-1042

（福山市観光課）

瀬戸内海国立公園を代表する景勝地で、鞆の浦から船で5分の距離にある。

所 福山市鞆町後地 時 平成いろは丸は7:30〜20:00に20〜40分間隔で運航 休 無休 料 平成いろは丸での往復は240円 交 平成いろは丸乗船場から船で5分 P 35台

鞆の浦観光情報センター
（とも　うら　かん　こうじょうほう）
MAP P.138C-1 ☎084-982-3200

観光情報コーナーを併設した土産スポット。保命酒や地酒、魚介の加工品など、地元ならではの品を揃える。

所 福山市鞆町鞆416-1 時 9:00〜17:00 休 無休 交 バス停鞆の浦からすぐ P 20台

福山市鞆の浦歴史民俗資料館
（ふくやまし　とも　うられきし　みんぞく　しりょうかん）
MAP P.138B-2 ☎084-982-1121

鞆の浦の高台に立つ資料館。鯛漁法の模型やイカリの鍛冶場、箏曲家・宮城道雄愛用の琴なども展示する。

所 福山市鞆町後地7536-1 時 9:00〜16:30受付終了 休 月曜（祝日の場合は翌日）料 入館150円 交 バス停鞆の浦から徒歩5分 P 25台

阿伏兎観音(磐台寺観音堂)
（あ　ぶ　と　かんのん　ばんだい　じ　かんのんどう）
MAP P.4D-2 ☎084-987-3862

毛利輝元によって再建されたという観音堂は、国の重要文化財。子授け、安産祈願の観音様として有名。

所 福山市沼隈町能登原阿伏兎 時 8:00〜17:00 休 無休 料 拝観100円 交 バス停阿伏兎観音入口から徒歩15分 P 10台

鞆の浦のおみやげ

A 鞆の津ミュージアム
（とも　つ）

▶P.145

B けんちゃんのいりこ屋
MAP P.138B-2 ☎084-982-0043

鞆の浦で水揚げされた新鮮な小魚の干物を扱う。オリジナルのサブレやアイスは、売り切れ御免の人気商品。

所 福山市鞆町鞆848 時 10:00〜16:00 休 火曜 交 バス停鞆港から徒歩3分 P なし

オリジナル ブラックメモパッド 500円

福山市の文具メーカーとのコラボ。一点ずつ絵柄が異なる A

小袋各種 600円 おじゃこサブレ 450円

いりこ、ちりめん、かえり、あみえび、おじゃこサブレなど B

ちりめん塩アイス 350円

塩バニラにちりめんペーストを練り込んだ、食べてびっくり鞆の浦限定の味 B

ペリーも飲んだ薬味酒を
今に伝える蔵元

保命酒
（ほうめいしゅ）

鞆の浦の名産の一つが、りん酒などの薬味16種をみ桂皮などの薬味16種をみ「保命酒」。1659（万治2）年、大阪の漢方医であった中村吉兵衛が鞆の浦で生み出し、現在の太田家住宅の場所で「十六味地黄保命酒」として醸造を始めた。甘みがあり、滋養に富む保命酒は高級品として売買され、宮中や幕府への献上品にもなり、幕末にはペリーも飲んだという。

現在保命酒を造るのは、鞆の浦に拠点を置く「岡本亀太郎本店」、「入

江豊三郎本店」、「鞆酒造」、「八田保命酒舗」の4社のみ。岡本亀太郎本店は、1855（安政2）年に清酒業を始めた老舗。明治時代に中村家から技術や道具を譲り受け、保命酒の醸造・販売を始めた。伝統的な製法で造る保命酒は、薬味と甘みのバランスが絶妙。近年は保命酒のベースとなるみりんや、保命酒から造る梅酒や杏酒、飴なども製造・販売している。

岡亀保命酒
300ml 1000円
500ml 1300円
720ml 1700円

看板商品の岡亀保命酒。ストレートやロックのほか、カクテルやデザートにも活用できる

梅太郎（梅酒）
300ml 1350円
保命酒に紀州産南高梅を漬けたリキュール。豊かな甘みが特徴

純米仕込本味醂
岡本亀太郎
150ml 650円
保命酒造りの技術を生かし、国産米、米麹のみを使用して造るみりん

🏠 購入は専門店で
おかもとかめたろうほんてん
岡本亀太郎本店 鞆の浦
MAP P.138A-2 ☎084-982-2126
所福山市鞆町鞆927-1 時9:00〜17:00 休無休 交バス停鞆港から徒歩5分 P2台

店内には、保命酒の元となる薬味や、薬研、はかりなどもディスプレイ

福山城内にあった長屋門を移築した店舗。中村家から譲り受けた龍の看板にも注目

歴史

×坂本龍馬

story & history

この旅をもっと知る"絶景の物語"

坂本龍馬と
いろは丸ゆかりの港町

いろは丸展示館には
龍馬の人形が

鞆の浦は、幕末の志士・坂本龍馬の足跡が残る港町。
「いろは丸事件」のことを知り、歴史散歩を楽しもう。

坂本龍馬と
鞆の浦の関係

瀬戸内海沿岸の中心に位置し、古くから「潮待ちの港」として栄え、多くの船が経由していた鞆の浦。江戸時代には保命酒の製造地としても隆盛を極め、人や物資が行き交った。幕末の志士・坂本龍馬も、鞆の浦に足跡を残した一人。当時土佐海援隊を指揮していた龍馬は、伊予大洲藩から借りた西洋式の蒸気船「いろは丸」で開運事業を行っていた。1867（慶応4）年の航海で長崎から大阪に向かう途中、龍馬と紀州藩の間で「いろは丸事件」が勃発。その際に龍馬が滞在したのが鞆の浦なのだ。

紀州藩とトラブル！
いろは丸事件

1867（慶応4）年、龍馬はいろは丸で最初の航海に臨み、鉄砲を運んでいた。事件が起こったのは、瀬戸内海の備讃瀬戸、六島（現在の岡山県笠岡市）周辺。紀州藩の軍艦「明光丸」に2度にわたって衝突され、いろは丸が沈没してしまったのだ。現場から鞆の浦が近かったことから、当事者たちは鞆の浦に上陸して損害賠償交渉を行った。龍馬は4日間鞆の浦に滞在し、

鉄砲や金塊が沈んだと主張して紀州藩に賠償金を要求。交渉は難航し、舞台は鞆の浦から長崎に移ったが、最終的に龍馬は紀州藩から7万両を受け取ることができたと伝わる。鞆の浦沖には今もいろは丸が沈んでいる。

いろは丸展示館では海底調査で発見されたいろは丸の部品を展示

いろは丸展示館
MAP P.138B-2 ☎084-982-1681
所福山市鞆町鞆843-1 営10:00～16:30 休荒天時 料入館200円 交バス停鞆港から徒歩3分 Pなし

おんふなやど
御舟宿いろは
MAP P.138B-2 ☎084-982-1920
所福山市鞆町鞆670 営IN15:00/OUT10:00（昼食は11:00～14:00）料一泊二食付2万6400円～ 交バス停鞆港からすぐ P3台

いろはランチ
営11:00～14:00

今も龍馬の足跡を
大切にする港町

鞆の浦には事件当時の龍馬の様子を伝えるスポットが点在し、龍馬ファンも多く訪れる。常夜燈近くの蔵を活用したいろは丸展示館は、いろは丸の船体調査の際に引き揚げられた部品や調査風景写真などを展示し、龍馬グッズなども販売。命の危機を感じた龍馬が偽名を使って潜んでいたという屋根裏部屋も残る。御舟宿いろはは龍馬と紀州藩の船長が賠償交渉を行った場所。かつては魚屋萬蔵の邸宅で、現在は宿とカフェを営んでいる。また2010年に、鞆の浦と仙酔島を結ぶ市営渡船「平成いろは丸」が誕生。海援隊が乗った蒸気船を模した「いろは丸」は、レトロな雰囲気が漂う船体が特徴で、船内には龍馬の写真や古いコンパスなども展示している。

へいせい　まる
平成いろは丸
MAP P.138C-2 ☎084-982-2115
所福山市鞆町鞆623-5 営7:30～20:00 休無休 料運賃240円 交バス停鞆港からすぐ P32台（有料）

AREA
GUIDE

<ruby>倉<rt>くら</rt></ruby><ruby>敷<rt>しき</rt></ruby>

周辺スポットからの
アクセス

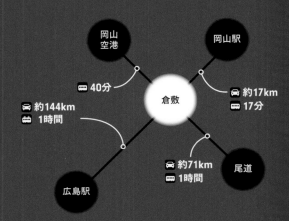

岡山
空港

岡山駅

🚌 40分

倉敷

🚗 約17km
🚌 17分

🚗 約144km
🚌 1時間

🚗 約71km
🚌 1時間

尾道

広島駅

倉敷美観地区 [美観地区]
▶P.158

1なまこ壁の建物が連なる **2**老舗・旅館くらしき(→P.164)のランチメニュー **3**レトロな建物とツタが調和する倉敷アイビースクエア(→P.162) **4**観光案内所として活躍する倉敷館(→P.160) **5**名物グルメの一つ、ままかり寿司 **6**柳が揺れる情緒のあるエリア **7**伝統工芸品や民芸品も多い

倉敷
（くらしき）

岡山名物パフェも！

川沿いの柳が揺れる　倉敷美観地区へ

江戸幕府の直轄地・天領として栄えた倉敷。倉敷美観地区と呼ばれるエリアの大部分が国の重要伝統的建造物群保存地区に選定されていて、国内外の旅行者の人気を集めている。白壁の蔵や倉敷窓などの町家は風情たっぷり。町の発展に尽くした実業家・大原孫三郎氏ゆかりの大原美術館なども見応えがある。

徒歩移動がキホン

【交通案内】

徒歩

倉敷美観地区のメインロード・倉敷川沿いは、端から端まで歩いて10分程度。JR倉敷駅からも徒歩圏内なので徒歩移動が賢い。車利用の場合は、美観地区周辺に点在する有料駐車場を利用しよう。

川舟

風情を楽しむなら、美観地区を行く「くらしき川舟流し」を利用するのもおすすめ。人気が高いので、着いたらまず券を入手したい。

JR倉敷駅	← 中鉄・下電バス 35分 1150円	岡山空港	JR倉敷駅	← JR山陽本線 15分 330円	JR岡山駅
倉敷駅周辺	← 国道429号 約15分	倉敷IC	倉敷IC ← 山陽自動車道 約13分 岡山IC	← 国道53号など 17分	岡山駅周辺

見どころも多いエリアだから…

【上手に巡るヒント！】

2 月曜定休の施設が多いので注意

大原美術館や倉敷考古館をはじめ、月曜定休の施設や店が多いので注意。祝日や連休は変動する場合もある。

1 半日〜一日で満喫できる

倉敷川沿いの主要観光スポットだけならば、半日ほどで回れる。ただし大原美術館はたっぷり時間をとりたい。

倉敷川に沿って続く

1 美観地区

BEST 📷 絶景

JR倉敷駅の南東に広がる、およそ500m四方のエリア。倉敷川沿いに緑の柳が揺れ、両岸になまこ壁の蔵などが連なる街並み。

絶景ナビ

絶景ナビ	倉敷美観地区 ▶P.158
	倉敷館 ▶P.160
	倉敷考古館 ▶P.162

絶景ナビ

レトロな街道

2 本町通り
（ほんまちどおり）

BEST 📷 絶景

倉敷川の北側、街道沿いのエリア。かつて職人が多く暮らしていたといい、今も街道沿いに名残がある。町家カフェやショップもある。

絶景ナビ　如竹堂 ▶P.165

絶景ナビ

0　　300m

倉敷駅
倉敷市駅
JR山陽本線
水島臨海鉄道
倉敷中央通り
阿智神社
大原美術館
倉敷アイビースクエア
白壁通り
倉敷川

！ご注意を

大原美術館はじっくり鑑賞すると半日がかり

コレクションが充実している大原美術館は本館、工芸・東洋館、分館の3館で構成される（分館は休館の場合あり）。世界の名画を心ゆくまで鑑賞できるよう、時間を多めにとって計画しよう。

倉敷［エリア概要］

街並み、アート、雑貨も盛りだくさん！
歴史ある倉敷美観地区を散策

絶景ナビ 倉敷美観地区〜語らい座 大原本邸〜大原美術館〜
有隣荘〜倉敷館〜倉敷アイビースクエア

1日コース
徒歩で

倉敷美観地区の人気スポットを制覇。
メインロードである倉敷川沿いに沿って観光しながら、
路地や本町通りに足をのばすのもいい。

START

11:00 重厚な建物で名画鑑賞
大原美術館

絶景ナビ

エル・グレコやモネといった名画を収蔵する人気美術館へ。敷地が広く、本館、分館、工芸・東洋館で構成されるので、時間配分に気を付けて。

▶P.161

👣 徒歩すぐ

10:00 倉敷観光のスタート地点
JR倉敷駅

JR倉敷駅から、倉敷えびす通りや倉敷中央通り経由で倉敷美観地区へ。身軽に観光するため、先にホテルやロッカーに荷物を預けるのが便利。

👣 徒歩10分

12:00 目を引くオレンジ壁の御殿
有隣荘

絶景ナビ

オレンジの壁や緑色に光る瓦が目を引く有隣荘へ。通常は外観のみ見学できるが、大原美術館特別展示開催時に内部が公開されることもある。

▶P.160

👣 徒歩すぐ

10:10 歴史と文化の香る街並み
倉敷美観地区

絶景ナビ

大通りから、倉敷美観地区入口へ。多くの店は10〜11時に開店するので、それまでフォトジェニックな風景を眺めながら歩くのもおすすめ。

▶P.158

👣 徒歩すぐ

12:30 美観地区を見守る白亜の洋館
倉敷館

絶景ナビ

大正時代のレトロな洋館を利用した観光案内所。2020年にリニューアルオープンした。コインロッカーも備える観光に重宝するスポット。

▶P.160

👣 徒歩すぐ

10:30 倉敷町家の意匠を見学
語らい座 大原本邸

絶景ナビ

まずは今橋付近の町家建築へ。館内の意匠の見学だけでなく、ブックカフェで休憩したり、離れ座敷で抹茶をいただいたりするのもいい。

▶P.160

👣 徒歩すぐ

江戸時代に天領として栄え、明治時代には紡績によって発展した倉敷の町。フォトジェニックな街並みと、文化的な施設が共存する。

倉敷美観地区の観光は、柳が揺れる倉敷川沿いを中心に散策すると動きやすい。倉敷川沿いに集まっている歴史的な建物や、世界的な名画を収蔵する大原美術館を順番に巡ろう。美観地区は端から端まで歩いて10分ほどの規模なので、順番を入れ替え、気になる場所から訪れてもOK。ただし大原美術館をはじめ、各施設の美術品や展示資料の数は膨大。じっくり見るなら予想以上に時間がかかるので、詰め込みすぎないプランニングが鍵。

町家リノベの工房付き店舗
クラシキクラフトワークビレッジ

+1時間

倉敷の手仕事に興味があるなら、帆布やデニム、うつわなどを扱う店舗が集う施設へ。窓ガラス越しに職人の仕事風景が見られる店舗も。

▶ P.165

or

舟上から眺める街並み
くらしき川舟流し
（かわぶねながし）

+1時間

昔ながらの編み笠をかぶって水上さんぽ。チケットは当日販売のみ。人気の体験なので、美観地区に着いたらまずチケットを買うと安心。

▶ P.159

or

なまこ壁の造形美にうっとり
倉敷考古館
（くらしきこうこかん）

+1時間 絶景ナビ

ランチのあとは、美観地区の中央部でひときわ目を引く建物・倉敷考古館へ。なまこ壁が見事な蔵や、内部の考古学資料を見たい。

▶ P.162

13:00 名旅館のランチに舌鼓
旅館くらしき
（りょかん）

ランチは倉敷で歴史を刻んできた旅館くらしきのレストランへ。目にも美しく、季節感たっぷりの御膳を、庭を望める空間でいただこう。

▶ P.164

🚶 徒歩すぐ

14:00 ショップも充実の施設
倉敷民藝館
（くらしきみんげいかん）

倉敷民藝をはじめ、国内外の民藝品をセンスよく展示した施設。ショップには現代の生活に取り入れやすく、デザイン性に優れたアイテムが揃う。

▶ P.163

🚶 徒歩3分

15:00 ツタが絡むレトロな建物
倉敷アイビースクエア
（くらしき）

絶景ナビ

レンガの壁一面がツタで覆われた、フォトジェニックな観光施設。倉紡記念館（→P.167）やレストラン、ホテル、体験工房なども併設。

▶ P.162

🚶 徒歩15分

GOAL ⬛ **JR倉敷駅**

1 絶景ナビ

倉敷美観地区（くらしきびかんちく） [美観地区]

MAP P.154B-3 ☎086-422-0542（倉敷館観光案内所）

江戸幕府の天領であり、輸送物資の集積地として発展した地域。倉敷美観地区と呼ばれるエリアの大部分が重要伝統的建造物群保存地区に選定され、町家や白壁の蔵などが今も残る。カフェやショップも並ぶ。

所 倉敷市本町・東町・中央 **時** 散策自由 **休** **料** **交** JR倉敷駅から徒歩10〜15分 **P** 市営駐車場利用

Bestシーズン　　春・秋

緑の柳が揺れる
情緒たっぷりの町並み

倉敷
[絶景名所ナビ]

地元目線のガイドと舟で街並みを巡ろう

美観地区をもっと楽しむ

倉敷美観地区には、一緒に歩きながら見どころを案内してくれるガイドが常駐。予約不要、無料で対応してくれる。

所 倉敷市中央1-4-8（出発場所） **時** 9：30〜、13：30〜（1日2回） **休** 無休 **料** 参加無料 **交** JR倉敷駅から徒歩15分 **P** なし

倉敷美観地区 定期便ガイド（くらしきびかんちく ていきびん）

MAP P.154B-3 ☎086-436-7734
（倉敷地区ウエルカム観光ガイド連絡会）

※くらしき川舟流しのチケットは、倉敷館（→P.160）で販売

倉敷川の中橋近くの乗り場から、高砂橋〜今橋をめぐる観光舟。所要は約20分で、定員は1艘6名。

所 倉敷市中央1-4-8 **時** 9：30〜17：00の30分ごとに運航 **休** 3〜11月の第2月曜（祝日の場合は営業、臨時運休の場合あり）※12〜2月は土・日曜、祝日のみ運航 **料** 乗船500円（チケットは出発時間ごとに販売、ペット乗船不可） **交** JR倉敷駅から徒歩15分 **P** なし

くらしき川舟流し（かわふねながし）

MAP P.154B-3 ☎086-422-0542
（倉敷館観光案内所）

風格漂う
建物に注目！

MAP P.154B-2 ☎086-434-6277 （有隣会）

絶景ナビ 2 語らい座 大原本邸 美観地区

寛政7（1795）年に大原家の邸宅として建てられ、国の重要文化財に指定されている。邸内には石畳に連なる倉群、静寂の日本庭園と、外からは想像できない景色が広がる。

所 倉敷市中央1-2-1 時 9:00〜17:00（最終入館16:30）休 月曜（祝日の場合は開館）料 入館500円 交 JR倉敷駅から徒歩12分 P なし

info ブックカフェ

大原總一郎氏の書斎をイメージしたカフェスペースが人気。鳥類や民藝関係の本など約2000冊を展示。

絶景ナビ 4 倉敷館 美観地区

MAP P.154B-3 ☎086-422-0542
（倉敷館観光案内所）

1917（大正6）年に倉敷町役場として建てられた木造の洋館。白ペンキ塗りの外観や、塔部分の銅板葺きの屋根などがレトロモダン。

所 倉敷市中央1-4-8 時 9:00〜18:00（12月29〜31日は10:00〜16:00）休 無休 料 入館無料 交 JR倉敷駅から徒歩15分 P なし

絶景ナビ 3 有隣荘 美観地区

MAP P.154B-2 ☎086-422-0005
（大原美術館）

1928（昭和3）年、大原孫三郎が家族で住む別邸として建てたと伝わる。特注の瓦屋根が黄緑色に光って見えるため「緑御殿」とも。

所 倉敷市中央1-3-18 時 休 料 見学自由（内部は春秋の大原美術館特別展示開催時のみ公開）交 JR倉敷駅から徒歩12分 P なし

国内外の名品が揃う 日本最初の 西洋美術を中心とした 私立美術館

絶景ナビ 5 美観地区

大原美術館
（おおはらびじゅつかん）

MAP P.154B-2
☎086-422-0005

1930(昭和5)年に倉敷の実業家・大原孫三郎が設立。世界の名画が揃う本館のほか、現代美術、工芸品などを展示する3館で構成。（分館休館中）

所倉敷市中央1-1-15 時9:00～17:00（延長の日などもあり）休月曜（祝日・振替休日の場合は開館、冬期休館あり、詳細はHP）料入館2000円（全館共通）交JR倉敷駅から徒歩12分 Pなし

スペインの画家、エル・グレコの作

見逃せない名画はこちら

聖母マリアが大天使ガブリエルから
キリストの受胎を告げられる宗教画

1美観地区のなかでも目立つ、古代ギリシャ・ローマ神殿風の本館 **2**本館には画家・児島虎次郎が収集した作品をはじめとする世界の名画が揃う。児島虎次郎の作品もチェック **3**染色工芸家・芹沢銈介が内外装をデザインした江戸時代の蔵。鮮やかな赤が特徴

『受胎告知』エル・グレコ/1590年頃～1603年
写真提供／大原美術館

江戸時代の米蔵を
改装した建物

6
絶景ナビ
美観地区
倉敷考古館
くらしきこうこかん

MAP P.154B-2 ☎086-422-1542

岡山県をはじめ、吉備地方の古墳や
遺跡からの出土品を中心に展示する
資料館。土器や銅鐸など約300点の
考古学資料を見られる。

所倉敷市中央1-3-13 時9:00〜17:00（入
館は〜16:30）休月・火曜（祝日の場合は開
館）、臨時休館あり 料入館500円 交JR倉
敷駅から徒歩14分 Pなし

なまこ壁が特徴的な建
物。屋根は倉敷に多い
本葺瓦になっている

絶景ナビ
7
倉敷アイビースクエア
くらしき
美観地区

MAP P.154C-3 ☎086-422-0011

1888（明治21）年に創立された倉
敷紡績所を改修。ツタ（アイビー）
に覆われた館内に、ホテルやレス
トラン、体験工房などが入る。

所倉敷市本町7-2 時休
料施設により異なる 交JR
倉敷駅から徒歩15分 P
120台（有料）

柳が揺れる伝統的な街並みをのんびり散歩

建築美に
うっとりしながら
倉敷美観地区を散策

倉敷川沿いにマストスポットが

倉敷の美しい町並みを構成する、倉敷川沿いの建物巡りを楽しもう。大原美術館や倉敷館などの洋風建築と、倉敷考古館などの和風建築が調和しているのがユニークだ。昔ながらの町家が連なる本町通りを歩けば、まるでタイムスリップしたような気分になれそう。

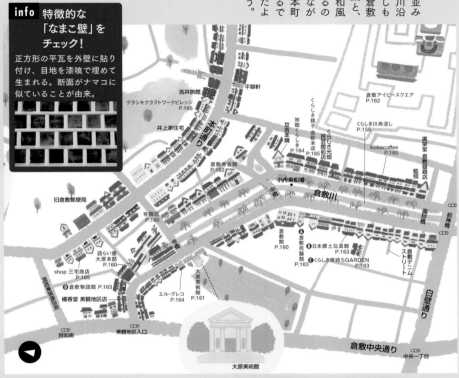

info 特徴的な「なまこ壁」をチェック！

正方形の平瓦を外壁に貼り付け、目地を漆喰で埋めて生まれる。断面がナマコに似ていることが由来。

吉井旅館
平翠軒
クラシキクラフトワークビレッジ P.165
井上家住宅
本町通り
倉敷考古館 P.162
旧倉敷郵便局
有隣荘 P.160
語らい座 大原本邸 P.160
shop 三宅商店 P.165
倉敷物語館店 P.163
橘香堂 美観地区店
阿知南
美観地区入口
大原美術館 P.161
エル・グレコ P.164
大原美術館

くらしき桃子 倉敷本店 P.164
旅館くらしき P.165
豆El本舗
倉敷光庵 民芸館前店
小舟乗船場
高砂橋
倉敷川
倉敷館 P.160
倉敷民藝館 P.163
日本郷土玩具館 P.163
くらしき宵待ちGARDEN P.163
倉敷アイビースクエア P.162
くらしき川舟流し P.159
kobacoffee P.165
藍照
廣榮堂 倉敷雄雞店
前神橋
倉敷デニムストリート
白壁通り
倉敷中央通り
中央一丁目

倉敷【絶景名所ナビ】

A 倉敷民藝館
くらしきみんげいかん

MAP P.154B-3 ☎086-422-1637

元米倉を活用し、陶磁器、ガラス、染織品、木工品など、国内外の民芸品約1万5000点を収蔵。所倉敷市中央1-4-11 時9:00〜16:30 休月曜（祝日の場合は開館）料入館1200円（ショップスペースは無料）交JR倉敷駅から徒歩15分 Pなし

B 日本郷土玩具館
にほんきょうどがんぐかん

MAP P.154B-3 ☎086-422-8058

江戸時代から現代にかけて作られた国内外の玩具約4万点を所蔵。元米蔵の建物に約1万点を展示。所倉敷市中央1-4-16 時10:00〜17:00 休不定休 料入館500円（ギャラリー、ショップスペースは無料）交JR倉敷駅から徒歩15分 Pなし

C くらしき宵待ちGARDEN
よいまち ガーデン

MAP P.154B-3

フルーツパーラー・ミュージアム・イタリアンレストランを有する、竹林庭園の美しい複合施設。所倉敷市中央1-4-22 時 休 料店舗により異なる 交JR倉敷駅から徒歩15分 Pなし

D 倉敷物語館
くらしきものがたりかん

MAP P.154B-2 ☎086-435-1277

江戸時代の旧東大橋家住宅を改修した施設で、長屋門や土蔵に風格が漂う。倉敷の日本遺産も紹介。所倉敷市阿知2-23-18 時9:00〜20:45（12〜3月は〜18:45）休12月29日〜1月3日 料入館無料 交JR倉敷駅から徒歩11分 Pなし

倉敷グルメ

雰囲気もごちそう

名物のワケ
美観地区には、古い建物を活用したグルメスポットがたくさん。お得なランチを提供する高級旅館から、アートな老舗カフェまで勢揃い。

老舗旅館の御膳で倉敷の四季を感じる

美観地区を代表する老舗宿・旅館くらしき。12品の小鉢で構成される「四季の散歩道御膳」などのランチは、宿泊者以外も楽しめる。大原美術館ゆかりの喫茶店「エル・グレコ」や、蔵を改装した「レストラン 八間蔵」なども人気。

四季の散歩道御膳
2035円
1日限定50食。小鉢に入った季節替わりの料理を、二段の箱御膳で提供

1 江戸時代に砂糖問屋だった商家を改装した建物 **2** 平日のランチ営業は要予約。灯籠や木々が美しい庭園も望める

旅館くらしき
（りょかん）
MAP P.154C-3 ☎086-422-0730
所 倉敷市本町4-1 時 ランチ11:00〜14:00、カフェ14:00〜17:00（カフェは土・日曜、祝日のみ）休 月曜（祝日の場合は営業）交 JR倉敷駅から徒歩15分 P なし

築約220年、大橋家の元米蔵を活用

レストラン 八間蔵
（はちけんぐら）
MAP P.154B-2
☎086-423-2122
所 倉敷市阿知3-21-19 時 11:30〜13:30LO、17:30〜20:30LO 休 月曜 交 JR倉敷駅から徒歩10分 P 30台

1 ランチコース2750円〜 **2** 倉敷ロイヤルアートホテルに併設

エル・グレコ
MAP P.154B-2
☎086-422-0297
所 倉敷市中央1-1-11 時 10:00〜17:00 休 月曜（祝日の場合は営業）交 JR倉敷駅から徒歩12分 P なし

レアチーズケーキ660円、コーヒー720円

昭和34(1959)年創業の老舗喫茶。大原美術館に隣接

🐼 大橋家住宅

MAP P.154B-2 ☎086-422-0007

寛政8（1796）年、新田開発で財を成した大橋家の建物。長屋門や倉敷窓,倉敷格子など独特の意匠を残す。

所倉敷市阿知3-21-31 時9:00〜17:00 休無休（12〜2月は金曜）料見学550円 交JR倉敷駅から徒歩10分 Pなし

🐼 クラシキクラフトワークビレッジ

MAP P.154C-2 ☎店舗により異なる

倉敷の手仕事文化をテーマにした複合ショップ。ガラス工芸やデニムなどを扱う6店舗が集まる。

所倉敷市本町1-30 時店舗により異なる 交JR倉敷駅から徒歩15分 Pなし

アメリカンチェリーとピスタチオのパフェ1980円

☕ kobacoffee

MAP P.154B-3 ☎086-425-0050

自家焙煎のコーヒーはペーパードリップ、サイフォン、コーヒープレスから選択可。倉敷ブレンド550円などが人気。

所倉敷市本町5-27 クラシキ庭苑1F 時11:00〜17:00 休火曜（祝日の場合は営業）交JR倉敷駅から徒歩16分 Pなし

☕ くらしき桃子 倉敷本店

MAP P.154C-3 ☎ 086-427-0007

岡山の青果会社が営むカフェ＆ショップ。みずみずしい旬の素材を使ったフルーツパフェが随時登場する。

所倉敷市本町4-1 時11:00〜17:00 休不定休 交JR倉敷駅から徒歩15分 Pなし

🐼 阿智神社

MAP P.154C-2 ☎086-425-4898

鶴形山山頂に位置し、旧倉敷27町の鎮守の神を祀る。境内には「阿知の藤」として親しまれる藤の名木がある。

所倉敷市本町12-1 時8:30〜17:00 休無休 料拝観無料 交JR倉敷駅から徒歩15分 P20台

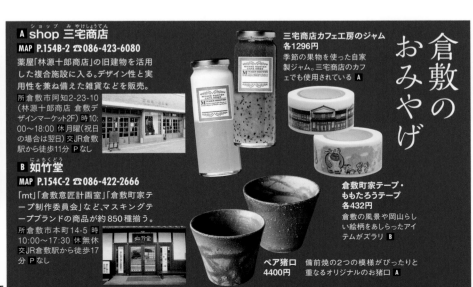

倉敷のおみやげ

A shop 三宅商店

MAP P.154B-2 ☎086-423-6080

薬屋「林源十郎商店」の旧建物を活用した複合施設に入る。デザイン性と実用性を兼ね備えた雑貨などを販売。

所倉敷市阿知2-23-10（林源十郎商店 倉敷デザインマーケット2F）時10:00〜18:00 休月曜（祝日の場合は翌日）交JR倉敷駅から徒歩11分 Pなし

B 如竹堂

MAP P.154C-2 ☎086-422-2666

「mt」「倉敷意匠計画室」「倉敷町家テープ制作委員会」など、マスキングテープブランドの商品が約850種揃う。

所倉敷市本町14-5 時10:00〜17:30 休無休 交JR倉敷駅から徒歩17分 Pなし

三宅商店カフェ工房のジャム
各1296円
季節の果物を使った自家製ジャム。三宅商店のカフェでも使用されている A

倉敷町家テープ・ももたろうテープ
各432円
倉敷の風景や岡山らしい絵柄をあしらったアイテムがズラリ B

ペア猪口
4400円
備前焼の2つの模様がぴったりと重なるオリジナルのお猪口 A

倉敷 [倉敷グルメ]

165

倉敷の民藝

職人の手仕事を感じる民藝品の数々

倉敷手まり（大）
1個3500円
植物染料を使用した木綿糸で刺繍。同じ色柄のものは一つとしてない

織物
3万3000円〜
倉敷ノッティングと呼ばれる手織りの椅子敷。羊毛を使用している

備中和紙
巻紙 2200円
ポチ袋 5枚500円
倉敷で作られる和紙。伝統的な自然原料を使って一枚ずつ作るのが特徴

🛍 購入は専門店で

倉敷民藝館
（くらしきみんげいかん）
美観地区
▶P.163

デニムや帆布が多く生産されていることからもわかるとおり、倉敷は昔から手仕事が盛んな土地。

そのルーツは、かつて倉敷で民藝運動が盛んだったことにも関係する。「民藝」とは、大正末期に柳宗悦らが生んだ言葉で、「民衆的工芸」という意味をもつ。鑑賞を目的とする美術工芸品とは違い、暮らしのなかで日常的に使われることを想定した「用即美」を重んじているのが特徴だ。

その歴史と精神を受け継ぐ「倉敷民藝館」では、

日本と世界の民藝品を展示。倉敷ガラスや酒津焼、花莚など、倉敷の職人が手仕事で生み出してきた民藝品について知ることができる。また、見るだけでなく普段の生活にも手仕事の美を取り入れてほしいという思いから、館内ショップの品揃えも充実。普段使いしやすい倉敷ガラスのグラスや、倉敷本染手織研究所の手織り製品、熊本の肥後手まりの美しさに惹かれる。

初代館長の外村吉之介氏が指導した倉敷手まりなどもズラリと並んでいる。

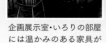
企画展示室・いろりの部屋には温かみのある家具が

常設展の一つ、世界の籠を展示した部屋

昭和初期、日本で2番目にできた民芸館

旅
×倉敷の 街並み

story & history

この旅をもっと知る"絶景の物語"

地元の人の努力で 守られた倉敷の街並み

蔵や町家、洋館が調和し、風情が漂う倉敷美観地区。
今も残る伝統的な建物から、土地の歴史を感じよう。

商業の要衝から 天領へ

現在の倉敷川周辺は早くから干拓が行われ、水田開発が進められていた地。1600（慶長5）年、倉敷は備中国奉行領に定められ、松山藩の要衝となる。松山藩はここを輸送中継地とし、上方へ物資を送ったという。1642（寛永19）年に代官所が置かれ、江戸幕府の直轄地（天領）へ。倉敷川は高梁川と児島湾を結ぶ運河として作られたのが始まりで、当時は潮の干満を利用して多くの船が行き交っていた。運ばれたのは主に周辺の天領から集められた年貢米や物資で、現在の町並みの元となっている蔵屋敷は、それらを納めるために倉敷川沿いに建てられたと考えられている。現在の倉敷美観地区のメインロードとなっている倉敷川沿いはもちろん、早島地区へ続いた本町〜東町も街道筋の町として栄えた。

大正6（1917）年に建てられた倉敷館

産業革命と クラボウの歩み

明治時代になると、米と綿が主産物であった倉敷は近代化から取り残されていく。状況を打破したいという地域の人々の思いを受け、豪商の大原孝四郎らが創設したのが、倉敷紡績（クラボウ）だ。倉敷紡績は1888（明治21）年に代官所跡に創設され、翌年には倉敷本社工場が竣工。倉敷紡績の隆盛によって倉敷は発展し、倉敷川を通じて繊維製品やい草製品が出荷された。大原美術館、有隣荘、倉敷アイビースクエアなど、倉敷美観地区に残る大原家ゆかりの施設からもわかるとおり、近代化のなかで倉敷の町並みを守ったのは大原家ともいえるだろう。倉敷アイビースクエアに併設された倉紡記念館では、その歩みを見ることができる。

写真提供：クラボウ

くらぼうき ねんかん
倉紡記念館
MAP P.154C-3 ☎086-422-0011
所倉敷市本町7-1 時10:00〜16:00 休無休 料入館300円（倉敷アイビースクエアの宿泊者は無料）交JR倉敷駅から徒歩15分 P

窓枠の中に竪子が入った倉敷窓（上）。倉敷の蔵の意匠として有名ななまこ目地瓦張・なまこ壁（右）。

倉敷の町家の ココを見るべし

倉敷美観地区の楽しみといえば、商人や職人たちが暮らしていた「町家」巡り。白壁やなまこ目地瓦張（なまこ壁）、倉敷窓、倉敷格子など、江戸時代から天領として栄えた倉敷ならではの建物が立ち並ぶ。なかでも印象的なのは、白漆喰が美しい調和をもたらすなまこ壁。建物全体を土塗り白漆喰で仕上げた土蔵に正方形の瓦をはめ込み、目地を漆喰で埋めている。そのほか、建物2階の開口部に設けられた倉敷窓や、3本の子格子を用いた倉敷格子などもユニークだ。倉敷川沿いや本町通りを歩けば随所に見られるが、見学施設や店舗、宿として活用されている建物も多いので、ぜひ中に入ってみよう。

バッチリ 😊 残念 😞 で簡単！お得で便利に！

宮島・広島・呉・尾道・鞆の浦・しまなみ海道・倉敷・交通インフォメーション

残念 😞 **福山駅に停まるのぞみはほぼ1時間に1本**
のぞみの本数が少ないので、岡山駅までのぞみで行き、ひかりや在来線を利用するのも手。

バッチリ 😊 **本数が多くて駅からのアクセスもいい**
東京駅から広島駅へはのぞみが1時間に2〜5本と多め。広島駅に着けば宮島口へも楽々。

各エリアへのアクセス

観光の基点は広島駅か岡山駅。時間・予算に合わせて飛行機やバスも活用したい。

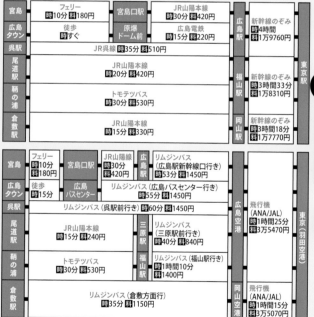

宮島	フェリー 時10分 料180円	宮島口駅	JR山陽本線 時30分 料420円	広島駅 / 新幹線のぞみ 時4時間 料1万9760円
広島タウン	徒歩 時すぐ	原爆ドーム前	広島電鉄 時15分 料220円	
呉駅	JR呉線 時35分 料510円			
尾道駅	JR山陽本線 時20分 料420円			福山駅 / 新幹線のぞみ 時3時間33分 料1万8310円
鞆の浦	トモテツバス 時30分 料530円			
倉敷駅	JR山陽本線 時15分 料330円			岡山駅 / 新幹線のぞみ 時3時間18分 料1万7770円

（東京駅）

宮島	フェリー 時10分 料180円	宮島口駅	JR山陽線 時30分 料420円	広島駅 / リムジンバス（広島駅新幹線口行き）時53分 料1450円
広島タウン	徒歩 時15分	広島バスセンター	リムジンバス（広島バスセンター行き）時55分 料1450円	
呉駅	リムジンバス（呉駅前行き）時60分 料1450円			広島空港 / 飛行機（ANA/JAL）時1時間25分 料3万5470円
尾道駅	JR山陽本線 時15分 料240円	三原駅	リムジンバス（三原駅前行き）時40分 料840円	
鞆の浦	トモテツバス 時30分 料530円	福山駅	リムジンバス（福山駅行き）時1時間10分 料1400円	
倉敷駅	リムジンバス（倉敷方面行き）時35分 料1150円			岡山空港 / 飛行機（ANA/JAL）時1時間15分 料3万5070円

東京（羽田空港）

1 新幹線

東京駅から広島駅は約4時間。尾道、鞆の浦方面へは福山駅で降りよう。

大人旅チョイス **大人気の寝台列車「サンライズ瀬戸・出雲」**
東京、山陰、四国を結ぶ寝台特急で、寝台はすべて個室。岡山で山陰方面（出雲）と四国方面（瀬戸）が分離される。

料金 運賃＋特急料金＋寝台料金 時間 毎日1往復。JR東京駅21:50発、JR高松駅21:26発

2 飛行機

移動時間の短縮には、飛行機が便利。広島空港、岡山空港それぞれに直通便がある。

バッチリ 😊 **早割やLCCを使えば安く早く行ける**
通常の値段は新幹線より高いが、割引運賃ならずっとおトクに。旅行が決まったらなるべく早く便を手配しよう。

残念 😞 **広島空港は市街地から遠い**
広島空港は郊外にあるので、主要な観光スポットがある市街地へはリムジンバスで。呉へも直通バスが出ている。

3 高速バス

広島駅周辺のバスターミナルは広島駅と、繁華街にある広島バスセンターの2カ所。

出発地	東京（バスタ新宿）		大阪（なんばOCAT）		名古屋駅新幹線口	博多バスターミナル
行き先	広島駅北口	倉敷駅北口	尾道駅前	倉敷北口	広島駅	広島駅
バス会社	WILLER EXPRESS	WILLER EXPRESS	中国バス（びんごライナー）	両備バス	JR東海バス	JR九州バス
片道運賃	5900円〜	5280円〜	4200円	3400円	5890円〜8350円	4250円
所要時間	約12時間	約11時間40分	約5時間	約4時間20分	約9時間30分	約4時間44分

行動派には

1 レンタカー

広島市内だけでなく広い範囲を移動するなら、断然レンタカーがおすすめ。

バッチリ 😊 山陽自動車道で
広島⇔倉敷は2時間

西端の広島から、東端の倉敷まで高速道路を利用して約2時間。料金も3000円台におさえられるので、グループ旅行の場合は電車で移動するよりもお得。

残念 😣 ハイシーズンは
渋滞が多い

広島県の南側を横断する山陽自動車道は、山陽エリアの大動脈。大型連休やお盆、年末年始は渋滞することが多いので気をつけて。

大人旅チョイス 乗り捨てが便利！
JR＆レンタカープラン

ツアーのオプショナルレンタカープランや、所定の条件を満たすと利用できるJRの割引きっぷ「レール＆レンタカー」をチェックして。そのほか、レンタカー店によっては乗り捨てプランを用意しているところもあるので利用しよう。

各エリア間の主要アクセス

移動手段は車、鉄道、船、観光バス。エリアによって上手に組み合わせて。

【エリア間の距離・料金】

山陽自動車道 普通車通行料金（円）					
4470	3860	2260	590	岡山	区間距離（km）
4160	3540	1840	倉敷	15.6	
2870	2090	尾道	62	77.6	
950	広島	71.1	133.1	148.7	
廿日市	27.3	98.4	160.4	176	

※ETC利用の場合

╲╲ ドライブネタ ╱╱

1 宮島へは廿日市JCTから

目的地が宮島の場合、広島ICのさらに西の廿日市ICで降りると便利。車はフェリー乗り場の手前に停めるのがおすすめ。

2 しまなみ海道へは尾道から

しまなみ海道の入口は尾道。西瀬戸自動車道を南下してしまなみ海道へ。6つの島を巡って愛媛県今治市まで走ってみよう。

エリア間ドライブ
巻頭折込付録裏のドライブMAP もcheck！

倉敷〜尾道
約70km／1時間10分
国道2号〜玉島IC〜尾道IC〜国道2号

広島〜尾道
約90km／1時間25分
国道2号〜広島IC〜尾道IC〜国道184号

岡山〜倉敷
約17km／45分
県道21号〜国道429号

岡山〜倉敷
約144km／2時間5分
国道54号〜広島IC〜玉島IC〜国道2号

尾道〜因島
約21km／30分
国道2号〜西瀬戸尾道IC〜因島北IC

倉敷〜鞆の浦
約56km／1時間15分
玉島IC〜福山東IC〜県道22号

尾道〜鞆の浦
約25km／50分
国道2号〜県道47号

広島〜鞆の浦
約110km／1時間50分
国道54号〜広島IC〜福山東IC〜県道22号

尾道〜大三島
約34km／50分
県道363号〜国道2号〜西瀬戸尾道IC〜大三島IC

広島〜宮島口
約20km／30分
国道2号

広島〜呉
約25km／35分
国道54号〜吉島通り〜吉島IC〜呉IC

0　10　20km

2 鉄道

新幹線やJR山陽本線が通っているので、主要スポットへは鉄道の移動が基本。お得きっぷもチェックしよう。

‖ お得なきっぷをチェック ‖

宮島・瀬戸内 tabiwaぐるりんパス

宮島・瀬戸内

料金 3700円
区間 三原～岩国

JR普通列車普通車自由席と、観光施設の入場券などがセット。3日間有効。詳細はHP要確認。

せとうち旅パス

料金 3000円
区間 三原～岡山

自由周遊区間内のJR線（新幹線、快速、普通列車の普通車自由席）、指定の船舶、路線バスなどに3日間乗り放題。詳細は各旅行会社まで。

大人旅チョイス 優雅な観光列車の旅

ラ・マル・ド・ボァ
（岡山～倉敷～尾道）

JR山陽線岡山駅から尾道駅（ラ・マルしまなみ）などの路線を1日1往復。列車をトランクに見立て、社内にはアート作品も展示。

料金 運賃＋事前に普通列車の指定席グリーン券の購入が必要
時間 土・日曜、祝日が中心（路線によって運行日が異なる）。ラ・マルせとうちは岡山駅下り10時11分発、宇野駅上り15時発。ラ・マルしまなみは岡山駅下り10時11分発、尾道駅上り15時48分発。ラ・マルことひらは岡山駅下り10時11分発、琴平駅上り14時1分発

etSETOra（エトセトラ）
往路：広島～尾道（呉線経由）、
復路：尾道～宮島口（山陽線経由） ▶P.94
JR広島駅（往路）・宮島口（復路）と尾道駅を結ぶ、金～月曜・祝日限定の列車。往路の呉線沿いに広がる、瀬戸内の多島美に注目。

バッチリ 広島駅を起点に アクセス便利で 本数も多い

基点を広島駅にすれば、どのエリアにもアクセスが可能。電車の本数も多いので、スムーズに移動することができる。広島駅から一番遠い倉敷駅は、山陽新幹線とJR山陽本線を組み合わせよう。

残念 しまなみ海道や 鞆の浦へはバスで

エリアによっては、バスでしか移動できないところも。しまなみ海道はしまなみライナーなどの路線バスを、鞆の浦へはJR福山駅からトモテツバスを利用しよう。

※問合せは全国の主なみどりの窓口または「JRおでかけネット」で検索

エリア間 鉄道・航路・バスMAP

0 10 20km

福山～倉敷 40分/770円 山陽鉄道

広島～新尾道 43分/3810円 山陽新幹線

福山～尾道 20分/420円 山陽本線

岡山～倉敷 15分/330円 山陽本線

広島～宮島口 30分/420円 山陽本線

広島～呉 35分/510円 呉線

福山～鞆の浦 30分/530円 トモテツバス

福山～大三島 50分/1800円 しまなみライナー

岡山桃太郎空港
伯備線
吉備線
福塩線
井原鉄道
総社駅
茶屋町駅
宇野線
宇野駅
新倉敷駅
笠岡駅
瀬戸大橋線
坂出駅
丸亀駅
多度津駅
琴電琴平線
予讃線
観音寺駅
琴平駅
土讃線
予土線

芸備線
広島～宮島高速道
あき亀山駅
可部線
横川駅
西条駅
山陽本線
広島港
広島市内駅
広島
東広島駅
山陽新幹線
三原
尾道
向島
新尾道
福山
ラ・マル しまなみ（岡山～尾道）
鞆の浦
尾道～鞆の浦航路
瀬戸田航路
因島
尾道
瀬戸内マリンビュー（広島～呉～三原）
呉
呉線
広島・呉クルーズフェリー
宮島・呉ブルーライン
宮島口
厳島神社
岩国駅
岩国錦帯橋空港
岩徳線
生口島
大三島
しまなみ海道
大島
今治駅
予讃線
瀬戸内海

福塩線
府中駅
広島県
岡山県
岡山
倉敷
香川県
徳島県
愛媛県
塩町駅

美しい瀬戸内海を満喫

3 船

瀬戸内海に面した広島県の移動は船も有効。宮島のように、フェリーで渡るのが一般的なエリアもある。

 瀬戸内海の **旅情を楽しめる**

青い海や島々など、瀬戸内海ならではの美しい風景を眺められる。電車や車と比べると時間がかかる場合もあるが、のんびり時間をかけてゆっくり移動するのも船旅の大きな楽しみ。

残念 **航路や時間は事前に要チェック！**

乗り遅れたり間違えたりしてもすぐには対処できないことが多いので、事前確認は念入りに。可能な場合は予約もしておこう。

フェリー・観光船 information

広島 ➡ 宮島高速船
（瀬戸内海汽船）32分 /2100円
広島港と宮島を結ぶ。平日は1日片道6便、土日祝は1日片道8便（12〜2月は運休）。

宮島 ➡ 呉ブルーライン
（瀬戸内海汽船）45分 /2000円
宮島と呉を結ぶ。1日片道2便で、2023年は4〜11月の土日祝のみ運航。

尾道 ➡ 鞆の浦航路
（瀬戸内クルージング）55分 /2500円
尾道港から鞆港へ。1日片道2便で、2023年は3月11日〜11月19日の土日祝のみ運航。

尾道 ➡ 瀬戸田航路
（瀬戸内クルージング）20分 /650円（因島）
　　　　　　　　　　 45分 /1300円（生口島）
尾道からしまなみ海道へ。1日片道6便が基本。因島や生口島を巡ろう。

お得なきっぷをチェック

瀬戸内シーライン 1日フリーパス
料金 3700円
区間 広島港〜宮島港〜呉港
3航路の高速船やフェリーが1日乗り放題。宮島や呉の観光に便利。

広島ワイドパス
料金 4600円
区間 大門〜岩国
広島全域を観光するのに最適。JR（大門駅〜岩国駅）の自由周遊区間に、JR西日本宮島フェリーや瀬戸内クルージング、しまなみ海運などの航路が利用可能。JR西日本ネット予約で発売。

ピンポイントの移動に最適

4 観光バス

名所をつなぐ観光に特化したバス、または観光地に行くのに便利な高速バスを上手に活用しよう。

バッチリ **広島から呉やしまなみ海道へもラクラク移動**

高速バスや路線バスを使えば、呉、尾道、福山、しまなみ海道といった、広島中心街から離れた地へもラクラク移動が可能。ダイレクトに移動できて無駄がない。

残念 **広島バスセンターは広島駅から距離がある**

広島バスセンターは、原爆ドームやひろしま美術館の近所。移動時間と手段は事前に確認しておこう。

高速バス information

出発地	広島バスセンター				福山駅
行き先	呉駅前	尾道駅前	因島大橋	岡山駅	鞆の浦
バス会社	クレアライン（広島電鉄）	フラワーライナー（広島交通）	フラワーライナー（広島交通）	サンサンライナー（両備バス※1）	トモテツバス（鞆鉄道）
片道運賃	780円	2000円	2200円	3000円	510円
所要時間	45分	1時間33分	1時間55分	2時間37分	30分

※1 中国JRバス、広交観光と共同運行

大人旅チョイス **定期観光バスでラクラク**

原爆ドーム・厳島神社を巡る1日観光コース
広島の2つの世界遺産、原爆ドームと宮島を中心に巡るコース。所要約7時間40分で、昼食・ガイド付。途中には船の利用もあり、海の景色が楽しめる。
☎0570-666-012
（中国JRバス電話予約センター）
料金 5000円

はやまわり後楽園・倉敷
岡山城、岡山後楽園、夢二郷土美術館、倉敷美観地区を巡るガイド付きのコース。所要約4時間50分で、帰りは倉敷駅か岡山駅で下車できる。
☎086-232-2155
（両備バス定期観光予約センター）
料金 4000円

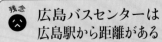

宮島・広島 尾道 倉敷歳時記

四季折々の行事に、旬の果物や海の幸が盛りだくさんのこのエリア。
気になる行事と食材を目あてに旅のプランニングをしよう。

3月

寒さのピークを越え、ようやく和らいだ気候に。例年、3月下旬から広島の桜が開花し始める。

桜 →

> 宮島や尾道の千光寺周辺など名所がたくさん

2月

まだまだ寒さが続くこの季節。大にぎわいの宮島かき祭りも、防寒対策をしっかりとして訪れよう。

はっさく
の旬は
2〜4月頃

1月

広島グルメといえばカキ！ おいしさが増すとともに寒さもピークに。市内でも雪が降ることも。

> 広島湾産の広島かきの出荷は10〜5月。カキ好きならこのシーズンに！

> **カキの旬は
> 年明け頃**

宮島清盛まつり
宮島

`3月下旬`

平清盛や平家一門の武将などが登場し、華麗な厳島参詣行列を再現する

宮島かき祭り
宮島桟橋前広場

`第2土・日曜`

カキの直売やステージイベント、多彩なカキ料理をリーズナブルに楽しめる

冬の週末花火
宮島

`1月土曜`

厳島神社の大鳥居の改修完了を記念してスタートした

※写真は2019年の宮島水中花火

9月

日中はまだまだ暑さが残るが、8〜9月にかけては人気のフルーツが旬！期間限定の美味を楽しもう。

白桃
の旬は
7〜9月頃

シャインマスカット
の旬は9月頃

> みずみずしいフルーツは贈答品としても大人気

8月

最も気温が上がる月なので、散策メインの観光は暑さ対策を。8月6日には平和記念式典が行われる。

タコ
の旬は
7〜8月頃

因島水軍まつり
因島

`8月下旬`

村上水軍ゆかりの地が舞台。6月の島まつり、8月の海まつり・火まつりの三部構成

7月

7月中旬に梅雨明けすることが多く、暑さも本格的に。通年楽しめるアナゴが最もおいしくなる頃。

アナゴ
の旬は
7〜8月頃

広島みなと 夢花火大会
広島港　※2023年は中止

`第4土曜`

広島港を舞台に、1万発もの花火が打ち上げられる。水中花火にも注目

▼一年を通して天気が安定

中国山地と四国山地の間に位置する広島は、一年を通して晴れの日が多い土地。瀬戸内海に面しているので、気候も比較的温暖だ。「晴れの国おかやま」のフレーズでおなじみの岡山（倉敷）も同様。宮島などを訪れる旅行者に人気なのは春と秋だが、どの季節にプランニングしても過ごしやすいのが特徴。

▼カキや果物の旬を目指そう

広島のカキ、岡山のフルーツをはじめ、全国的に有名な食材が揃うのがこのエリアの特徴。新鮮なカキ料理を楽しみたいなら1〜2月、白桃・ニューピオーネ・シャインマスカットといったフルーツを食べたいなら9月頃、という風に食べたいものの旬で予定を立てるのもおすすめ。

6月

夏を思わせる気温になることもあるが、例年6月上旬には梅雨入りするので、雨具の用意を忘れずに。

シラスの旬は6〜8月頃

とうかさん大祭
広島・圓隆寺

6月第1金・土・日曜

広島三大祭の一つ。圓隆寺の総鎮守・稲荷大明神を中心に中央通りがにぎわう

5月

新緑が美しく、気候も穏やか。倉敷や尾道など、のんびり散策を楽しむにはぴったりの季節だ。

5月の倉敷美観地区は倉敷アイビースクエアのツタや川沿いの青々とした柳も美しい

ハートランド倉敷
倉敷美観地区

5月上旬

倉敷市の市花・藤がテーマ。くらしき藤娘の川舟流しなどを美観地区で開催

4月

尾道の千光寺など、桜の見頃は4月上旬。平均気温も20℃を超え、海辺の観光も気持ちがよい。

お花見シーズン到来！混雑覚悟で予定を立てよう

呉みなと祭
呉中心街

4月29日

パレードやステージイベントなどにぎやかな催し。フードブースも充実

12月

だんだん観光にも防寒対策が必要に。厳島神社に初詣に行くため、年末から滞在する観光客も。

鎮火祭
厳島神社

12月31日

毎年大みそかに厳島神社の御笠浜で行われる火難除けの祭り

11月

紅葉のピークは11月。紅葉が有名な宮島をはじめ、どこも混雑必至。時間に余裕をもって計画を。

10月下旬〜11月中旬。弥山のロープウェイなど絶景多数

紅葉

胡子大祭
胡子神社・広島市街

11月18〜20日

胡子神社の大祭。地元商店街では市民参加型のイベント「えべっさん」も開催

10月

暑さも落ち着き、過ごしやすい季節。10月下旬から徐々に紅葉も始まり、秋の観光シーズンが始まる。

広島のレモンは通年楽しめる。10〜11月はグリーンレモンを出荷

ニューピオーネの旬は8〜11月頃

カキ

尾道灯りまつり
尾道市街

10月中旬

尾道水道に面する雁木から山手の寺院の境内まで3万4000個もの灯りを灯す

※イベント・行事は2023年5月現在の情報です。変更される可能性がありますので、お出かけ前に最新情報をご確認ください。

173

INDEX 索引

宮島・広島

尾道 倉敷

'24-'25年版

大人絶景旅
おとなぜっけいたび

宮島・広島 尾道 倉敷 '24-'25年版
みやじま ひろしま おのみち くらしき

2023年6月30日　第1刷発行

編　著　朝日新聞出版

発行者　片桐圭子

発行所　朝日新聞出版
　　　　〒104-8011　東京都中央区築地5-3-2
　　　　（お問い合わせ）infojitsuyo@asahi.com

印刷所　大日本印刷株式会社

STAFF

編集制作	株式会社エディットプラス
取材・執筆	株式会社エディットプラス 萩原佐紀
撮影	ハリー中西 鈴木誠一
写真協力	広島県 関係各市町村観光課 関係諸施設 朝日新聞社 PIXTA Shutterstock photolibrary amanaimages Getty Images
表紙デザイン	bitter design 矢部あずさ
本文デザイン	bitter design 矢部あずさ 岡澤輝美 田口奈央
地図制作	s-map
イラスト	岡本倫幸
組版・印刷	大日本印刷株式会社
企画・編集	朝日新聞出版 岡本 咲 白方美樹

本書に掲載されている地図の作成に当たっては、国土
地理院長の承認を得て、同院発行の電子地形図
25000及び電子地形図20万を使用した。(承認番号
令元情使、第198号)